农产品电子商务

主 编 陈 君
副主编 齐乃敏（江苏省农业委员会）
　　　　全巧梅（江海职业技术学院）
　　　　郑 伟（江苏省扬州市农业委员会）
编 委 王大圣（江苏省扬州市江都区农业委员会）
　　　　胡顺祥（江苏省扬州市高邮市农业委员会）
　　　　刘宇庆（江苏省扬州市邗江区农业委员会）
　　　　李 峰（江苏省扬州市宝应县农业委员会）
　　　　陈晓兰（江苏省泰州市姜堰区农业委员会）
　　　　许传中（江苏省溧阳市作物栽培技术指导站）

西安交通大学出版社
XI'AN JIAOTONG UNIVERSITY PRESS
国家一级出版社
全国百佳图书出版单位

内 容 提 要

农产品电子商务是农产品和互联网相结合的一门课程，是利用先进、便捷的电子商务技术，在网络上实施农产品的交易，以低成本、高效率、无地域界限等优势，给农产品流通注入了新的生机和活力，对提高农业竞争力、促进农业经济发展有着极大的促进作用。

本教材分为九章，第一章与第二章主要阐述农产品电子商务的基础知识；第三章到第八章讲述了如何在电子商务平台上开设农产品店铺、如何运营与管理农产品店铺以及在运营过程中所涉及的农产品物流、电子支付、移动电子商务等；最后介绍了农产品电子商务的趋势——农产品新零售。每一章的结尾均附有拓展案例以便于读者了解当前农产品电子商务的最新发展，从而激发相关人士从事农产品电子商务的热情。

本教材既可作为农业农村部、各省市农业委员会新型职业农民培育的培训教材和技能竞赛培训的案例教材；也可作为中、高等职业教育课堂教学教材，对于初学者和自学者尤为适合。

前言
Foreword

中国农产品电子商务起步较晚,其探索实践还处于初级阶段,然而农产品电子商务作为现代农产品流通中新兴的流通业态,它的发展进程和成熟程度,特别是其业务模式的选择,对于提高中国农产品流通效率和提升农产品国际竞争力具有重要的理论探索和实际应用价值。

当前农产品电子商务大有可为,农产品电子商务相关人才的专业技术技能培养是其中关键。如何将农产品电子商务人才培养落到实处,是编者多年以来一直研究的课题。本教材以主编获奖教学视频《互联网+农产品》(2016年江苏省农业委员会农民培训优秀教学资源类一等奖)为基础,以农产品电子商务实践活动为主线,依次对从事农产品电子商务的各个环节组织材料进行编写,同时各章附有拓展案例以激发相关人士从事农产品电子商务的热情。在编写过程中,编者采用部分理论整体实践、循序渐进性的编写方法以确保每位读者都能有所收获。

本教材的特点如下:

1. 专业性

本教材编委的知识背景专业性较强,其成员有高校从事多年农产品电子商务研究的教授,有省及市县区农业委员会的研究人员,有电子商务及新零售相关的专家学者。同时,教材编写的素材都是经过优选与提炼,涵盖了农产品电子商务各方面的知识以及人才培养的能力和素养要求,具有鲜明的专业性。

2. 科学性

本教材在教学知识点的编排中,按照教育的特点、学生的认知规律和能力的成长过程进行了科学的设计与安排。本教材按照课程体系的逻辑次序,递进式地安排了九个章节,并每章配有拓展案例。

3. 操作性

电子商务是一门强调应用的学科,因此在本教材编写过程中也重视理论与实践的结合,例如电子商务在农产品网店开设与农产品网店运营与管理中,需要围绕农产品电子商务目标的实现，按实际工作流程来组织编写，从而保证学生在实际学习中的可操作性。

本教材的大纲经历了长时间的酝酿和讨论，再有大量前期材料的准备，编写也花费了很长时间，参与编写工作的有齐乃敏、全巧梅、郑伟、刘宇庆、王大圣、胡顺祥、李峰、陈晓兰、许传中等，在此一并表示感谢。

由于时间与水平有限，教材中错误与不足之处在所难免，恳请广大读者给予批评指正。

编　者

2018 年 7 月

目 录 Contents

导论 ··· (001)

第一章 农产品电子商务概述 ·· (004)
第一节 农产品 ·· (004)
第二节 电子商务 ··· (006)
第三节 农产品电子商务 ·· (011)

第二章 农产品电子商务交易模式 ··· (014)
第一节 B2B 电子商务模式 ·· (014)
第二节 B2C 电子商务模式 ·· (016)
第三节 C2C 电子商务模式 ·· (019)
第四节 其他电子商务模式 ··· (020)
第五节 农产品电子商务模式及案例 ··· (022)

第三章 农产品网店的开设 ·· (037)
第一节 农产品网店开设前的准备 ·· (037)
第二节 农产品网店开设的基本流程 ··· (042)
第三节 农产品网店客服 ·· (054)

第四章 农产品网店运营与管理 ·· (071)
第一节 农产品网络营销的策略 ··· (071)
第二节 农产品网络营销的方法 ··· (080)
第三节 农产品电商的发展——视觉营销 ··· (082)
第四节 淘宝直通车的操作运用 ··· (085)
第五节 京东快车的操作运用 ·· (106)

第五章 农产品电子商务物流 ··· (116)
第一节 农产品电子商务物流概述 ·· (116)

第二节　农产品电子商务物流模式……………………………………（118）
　　第三节　常用农产品物流(快递)公司介绍……………………………（121）

第六章　农产品电子支付……………………………………………………（126）
　　第一节　电子支付………………………………………………………（126）
　　第二节　网络银行支付…………………………………………………（129）
　　第三节　第三方支付……………………………………………………（130）

第七章　农产品电子商务安全………………………………………………（135）
　　第一节　电子商务安全概述……………………………………………（135）
　　第二节　农产品电子商务网店安全……………………………………（137）
　　第三节　电子支付安全…………………………………………………（139）
　　第四节　电子商务安全常用方法………………………………………（145）

第八章　农产品移动电子商务………………………………………………（150）
　　第一节　移动商务概述…………………………………………………（150）
　　第二节　移动电子商务技术基础………………………………………（152）
　　第三节　移动支付………………………………………………………（155）

第九章　农产品新零售………………………………………………………（162）
　　第一节　新零售的含义与特征…………………………………………（162）
　　第二节　农产品新零售模式……………………………………………（165）
　　第三节　农产品新零售典型案例………………………………………（166）

参考文献………………………………………………………………………（174）

导 论

党的十九大报告提出：要坚持农业农村优先发展，按照产业兴旺、生态宜居、乡风文明、治理有效、生活富裕的总要求，建立健全城乡融合发展体制机制和政策体系，加快推进农业农村现代化。这是新形势下做好农村工作，解决"全面建成小康社会，一个都不能少；共同富裕路上，一个都不能掉队"目标的重要部署。乡村振兴，要着力推进产业融合，产业实现"质变"。产业不发展，振兴无从谈起。所谓产业融合，是指不同产业或同一产业不同行业相互渗透、相互交叉，最终融合为一体，逐步形成新产业的动态发展过程。中国是农业大国，但农产品流通不畅一直是阻碍农业和农村经济健康发展、影响农民增收乃至农村稳定的重要因素之一。农产品难卖，其实质问题是我国农业生产分散式经营与大市场、大流通不相适应的矛盾。而信息技术、网络技术以及电子商务这种新型商务模式的应用，给我国的农产品流通注入新的生机和活力。

一、农产品电子商务发展的背景

1. 农产品电商是我国农业发展的重要方向

电子商务可以很好地解决我国农业"小农户与大市场"的矛盾，实现农业生产与市场需求的对接。开展农产品电子商务能够改善农产品流通状况，促进农产品贸易，增加农民收入，加快农业和农村经济结构战略性调整，提高我国农业竞争力。首先，电子商务可以实现农业生产与市场需求的对接；其次，农产品电子商务可以丰富城市居民菜篮子，为居民生活提供便利，拉动日常消费；再次，农产品电子商务有利于促进农产品流通和农民增收。

2. 国家大力支持农产品电子商务的发展

近年来，党中央和国务院高度重视我国农村电商的发展，密集出台了系列支持农村电商发展的政策，为农村电商的发展提供了人才、物流、基础设施、金融、市场环境等全方位支持。2015年中央一号文件中明确提出，支持电商、物流、商贸、金融等企业参与涉农电子商务平台建设，大力开展电子商务进农村综合示范。无论是政策导向还是市场趋势，电商下乡都是大势所趋。

3. 各大电商纷纷进军农产品行业

农村电商蕴藏着巨大的商机，诸多电商企业包括以阿里巴巴、京东、苏宁为首的电商平台纷纷开启电商进村旅程，以期抢占未来的市场。2012年5月19日顺丰优选悄无声息上线；6月，淘宝农业频道上线；7月，京东开通生鲜频道；8月，联想控股成立佳沃集团拉开了各行跨界征战农业的序幕；2013年东航低调启动东航产地直达网；2014年乐视推出食品电商乐生活。各大电商平台纷纷进军农产品行业。

二、运用"互联网+"思维模式，开启农产品电子商务的新旅程

"互联网+"是当前的十大流行语之一，通俗来讲"互联网+"就是互联网融合各个传统行

业,但是这并不是简单地两者相加,而是利用信息通信技术以及互联网平台让互联网与传统行业进行深度融合,创作新的发展生态。目前"互联网+"已从新概念变成了无处不在的实践,农产品作为现代农业与市场对接的重要内容越来越受到广泛关注和重视。下面以主编的获奖教学视频(2016年江苏省农业委员会农民培训优秀教学资源类一等奖)为基础(请扫描二维码观看导入语),介绍如何运用"互联网+"思维,开展农产品电子商务,也为广大读者尤其是有志于从事相关农产品电子商务的朋友,树立信心,勇敢地开启农产品电子商务的新旅程。

(一)互联网思维模式

如何将"互联网+"与农产品深度融合,利用互联网思维,做好农产品电子商务呢?首先要了解什么是互联网思维模式。互联网思维模式包括以下几方面,具体内容请扫描二维码观看。

1.用户思维

用户思维是互联网思维中最重要的思维,指的是在价值链各个环节中都以"用户为中心"去考虑问题。

2.简约思维

互联网时代,信息爆炸,用户的耐心越来越不足,必须在短时间内吸引用户的注意。专注,少即是多。品牌定位也要专注,给消费者一个选择的理由,一个就够了。

3.极致思维

极致思维也是互联网思维模式中重要的一种,就是要将产品、服务和用户体验做到极致,逾越用户预期,打造让用户尖叫的产品。

4.流量思维

流量思维就是要坚持到质变的"临界点"。任何一个互联网产品,只要用户活跃数量达到一定水平,就会开始形成质变,从而带来商机或价值。

5.社会化思维

社会化思维就是要善于利用社会媒体,特别是自媒体(微信与微博)。

6.平台思维

互联网的平台思维就是开放、共享、共赢的思维,善用现有平台。

(二)把握农产品品质

有了"互联网+"思维,农产品是否就能很好地销售出去呢?当然不是,后面还有很多内容需要完善和补充。"互联网+"农产品最核心的问题就是农产品的生产者必须从农业产业链上着手,把握好农产品的品质。具体内容请扫描二维码观看。

(三)打造农产品品牌

好品质的农产品是农产品品牌打造的基础,农产品品牌打造离不开精准独特的营销方式,在当前农产品品牌杂乱、缺少信任度的情况下,如何建立起值得消费者信任的、认知度高的农产品品牌呢?具体内容请扫描二维码观看。

(四)互联网营销

有了良好的农产品品质和优质的农产品品牌,如何使其在"互联网+"这种新的市场环境中成为品牌农产品并畅销全国呢?具体内容请扫描二维码观看。

(五)"互联网+"农产品发展之路

"互联网+"农产品可借鉴的模式主要有三种:第一,平台化道路;第二,资源整合道路;第三,品牌化道路。具体内容请扫描二维码观看。

"三农"问题关系国家发展的全局,是国家各项工作的重中之重。随着电子商务的飞速发展,我国农村电子商务发展也迎来了新的契机,为农业现代化提供了创新式解决思路,"互联网+农产品"这一新兴产业大有可为。

第一章　农产品电子商务概述

第一节　农产品

一、农产品的相关概念

(一)农产品

农产品是指种植业、养殖业、林业、牧业、水产业生产的各种植物、动物的初级产品及初级加工品。具体包括种植、饲养、采集、编织、加工以及捕捞、狩猎等业的产品。这部分产品种类复杂、品种繁多，主要有粮食、油料、木材、肉、蛋、奶、棉、麻、烟、茧、茶、糖、畜产品、水产品、蔬菜、花卉、果品、干菜、干果、食用菌、中药材、土特产品以及野生动植物原料等。

(二)初级农产品

初级农产品是指种植业、畜牧业、渔业产品，不包括经过加工过的各类产品。初级农产品包括谷物、油脂、农业原料、畜禽及产品、林产品、渔产品、海产品、蔬菜、瓜果和花卉等产品。

(三)初级加工农产品

初级加工农产品是指必须经过某些加工环节才能食用、使用或储存的加工品，如消毒奶、分割肉、冷冻肉、食用油、饲料等。

(四)名优农产品

名优农产品是指由生产者志愿申请，经有关地方部门初审，经权威机构根据相关规定程序，认定生产的生产规模大、经济效益显著、质量好、市场占有率高，已成为当地农村经济主导产业，有明确品牌和标识的农产品。

二、农产品的分类

按传统和习惯，农产品一般分为粮油、果蔬、畜禽产品、水产品、林产品和其他农副产品等六大类。

(一)粮油

粮油是对谷类、豆类、油料及其初加工品的统称。粮油产品是关系到国计民生的农产品，它不仅是人体营养和能量的主要来源，也是轻工业的主要原料，还是畜牧业和饲养业的主要饲料。粮食是人类生存和发展的最基本的生活资料。离开粮食，人类就无法生存，整个社会再生产就无法进行。我国人口众多，人均耕地面积少，解决和保证吃饭问题显得尤为重要。

(二)果蔬

果蔬是指果品和蔬菜。新鲜果蔬含有丰富的多种维生素和矿物质，对人类有特殊意义。

尤其蔬菜是人们日常生活中不可缺少的副食品。

(三) 畜禽产品

畜禽产品从广义上讲,主要是指肉、乳、蛋、禽、脂、肠衣、皮张、绒毛、鬃尾、细尾毛、羽毛、骨、角、蹄壳及其初加工品等。但从狭义上讲,即从我国商品经营分工的角度来看,肉、乳、蛋、禽、脂属食品和副食品范畴,也就是我们这里所说的畜禽产品。皮张、绒毛、鬃尾、细尾毛、羽毛、肠衣属畜产品,而骨、角、蹄壳分属废旧物资和中药材商品。

(四) 水产品

水产品是指水生的具有一定食用价值的动植物及其腌制、干制的各种初加工品。水产品,特别是鱼、虾、贝类等,自古以来一直是人们的重要食物之一。随着人们生活水平的不断提高和对蛋白质需求量的不断增长,水产品作为动物性蛋白质的来源,其重要性日益显著。

(五) 林产品

林产品是指把开发森林资源变为经济形态的所有产品。近代林产品主要是木材及其副产品,可分为两大类,一类是木材及各种木材加工制品,另一类是经济林及森林副产品。近代林产品把木材作为主产品,把其余称为副产品,这样势必产生对其他林产品的强烈排斥,使林产品种类少、精品更少,林产业日趋萎缩。现代林产品是指把森林资源变为经济形态的所有产品,在不同的时空条件下,不是固定不变的,对林产品的生产有积极的作用。

(六) 其他农副产品

其他农副产品主要是指除农产品的粮油、果蔬、林产品、畜禽产品、水产品等主产品之外的烟叶、茶叶、蜂蜜、棉花、麻、蚕茧、生漆、干菜、调味品、中药材、野生植物原料等产品。

三、农产品的特点

农产品是来源于农业的初级产品,除本身具有鲜活性、多样性等特点外,在市场方面具有不同于其他物质生产的特殊性。

(一) 主区域性强

农业生产的对象是动植物。动植物的生长发育需要空气、水分、阳光和各种养料。不同生物生长发育规律不同,各自要求适应不同的自然环境。世界各地的自然条件、经济技术条件和国家政策差别很大,因而形成农业生产极为明显的地域性。

(二) 季节性强

由于农业生产具有季节性和周期性,农产品市场的货源随农业生产季节而变动。因此,农产品市场的货源也是随农业生产的季节性而变动,其供给在一年中有明显淡季、旺季之分。农产品生产中还有丰产、平产、歉产之分。特别是一些鲜活农产品,如不及时采购和销售就可能给农户造成经济损失。

(三) 具有一定的风险性

农业生产是从事有生命的动植物的生长、发育、成熟、收获与储运全过程。因而具有自然与市场的双重风险,水、旱、风、雹、冻、热和病虫等自然灾害会造成农产品生产的自然风险;在市场经济条件下,农产品还会因供求关系变化而造成市场风险,并与自然风险交织,形成互为因果、反相关的双重风险。当自然风险小时,农产品因丰收质优量大,价格相应走低、市场风险变大;反之,自然灾害重时,农产品因歉收量少,价格上扬,此时市场风险相对变小。

第二节 电子商务

一、电子商务的产生和发展

(一)电子商务产生和发展的条件

电子商务最早产生于20世纪60年代,发展于90年代,其产生和发展的重要条件如下:

1. 计算机的广泛应用

近年来,计算机的处理速度越来越快,处理能力越来越强,价格越来越低,应用越来越广泛,这为电子商务的应用提供了基础。

2. 网络的普及和成熟

由于Internet逐渐成为全球通信与交易的媒体,全球上网用户呈级数增长趋势,快捷、安全、低成本的特点为电子商务的发展提供了应用条件。

3. 信用卡的普及应用

信用卡以其方便、快捷、安全等优点成为人们消费支付的重要手段,并由此形成了完善的全球性信用卡计算机网络支付与结算系统,使"一卡在手、走遍全球"成为可能,同时也为电子商务中的网上支付提供了重要的手段。

4. 电子安全交易协议的制定

1997年5月31日,由美国VISA和Mastercard国际组织等联合指定的SET(Secure Electronic Transfer Protocol)即电子安全交易协议的出台,以及该协议得到大多数厂商的认可和支持,为在网络上开发的电子商务提供了一个关键的安全环境。

5. 政府的支持与推动

自1997年欧盟发布了欧洲电子商务协议,美国随后发布"全球电子商务纲要"以后,电子商务受到世界各国政府的重视,许多国家的政府开始尝试"网上采购",这为电子商务的发展提供了有力的支持。

(二)电子商务发展的四个阶段

电子商务发展的历史虽然不长,但已经经历了四个阶段。

1. 电子数据交换(EDI)阶段

电子商务实际在网络出现以前就已经存在。1994年之前,企业层面的电子商务是通过EDI进行的。EDI指的是商业交易信息(如发票和订单)以一种业界认可的标准方式在计算机之间传输。对于某些交易来讲,在减少交易错误和缩短处理时间方面,EDI发挥了重大作用,但这是以巨大的成本为代价的。之所以这样讲,是因为:首先,EDI通常经过专有增值网络进行,这需要花费一大笔投资;其次,EDI离不开分布式软件,这种软件既昂贵又复杂,给参与者带来了很大的负担;再次,EDI是批量传输的,影响了实时生产、采购和定价。由于这些原因,EDI从未真正普及过,在中国尤其如此。

2. 基础电子商务阶段

在这一阶段,买家和卖家开始尝试在没有中介的情况下开展交易。成功的先行者把它们的网站当作主要的销售渠道(例如思科和戴尔),它们通常是技术公司,面向懂技术的顾客,没有或只有很少出现渠道冲突。对其他大多数公司而言,它们仍然只把网站当作展示产品目录和市场推广材料的地方。时至今日,只有15%的网站能够接受订单,6%的网站能够告知订单处理现状。

3. 商务社区阶段

在此阶段,第三方目的网站(third-party Web destination)开始把交易双方带到共同的社区之中。商务社区创造了市场透明度,一旦买主和卖主开始定期在社区中会面,各种各样的可能性就会出现。这一阶段还拥有很大的发展空间。

4. 协同式商务阶段

商业合作伙伴间的几乎每一个业务流程都可以借助网络加以改善或重组。与B2C商务相比,B2B商务涉及的关系要复杂得多。用建筑业务作比,B2C商务像是等待一所房子完工之后买下它,而B2B商务则更像从事一个庞大的建筑项目,需要在专业工作者之间协调多项流程,我们把这样的工作称为"协同",它面临的障碍很多,但也蕴藏着重大的机会。协同式商务意味着企业员工、合作伙伴和顾客的一种动态合作。他们通过互动交流,在虚拟社区中找到节约成本、创造价值和解决业务问题的方法。协同式商务是需求链与供应链之间复杂的工作流的一种更为完整的反映。

二、电子商务的定义及内涵

(一)电子商务的定义

1997年11月6日至7日在法国首都巴黎,国际商会举行了世界电子商务会议。全世界商业、信息技术、法律等领域的专家和政府部门的代表,共同探讨了电子商务的概念问题,并对电子商务作出了比较全面的概念阐述。

电子商务(electronic commerce),是指对整个贸易活动实现电子化。从涵盖范围方面可以将电子商务定义为:交易各方以电子交易方式而不是通过当面交换或直接面谈方式进行的任何形式的商业交易。从技术方面可以将电子商务定义为:电子商务是一种多技术的集合体,包括交换数据(如电子数据交换、电子邮件)、获得数据(共享数据库、电子公告牌)以及自动捕获数据(条形码)等。

电子商务也是一个不断发展的概念,电子商务的先驱IBM公司于1996年提出了"electronic commerce"的概念,到了1997年该公司又提出了"electronic business"的概念。但我国在引进这些概念的时候都翻译成为电子商务,很多人对这两者的概念产生了混淆。事实上这两个概念及内容是有区别的,"E-Commerce"应翻译为电子商业,有些人将"E-Commerce"称为狭义的电子商务,将"E-Business"称为广义的电子商务。

"E-Commerce"(下文简称EC)是指实现整个贸易过程中各阶段贸易活动的电子化。从涵盖范围方面可以将电子商务定义为交易各方以电子交易方式,而不是通过当面交换或直接面谈方式进行的任何形式的商业交易。

"E-Business"(下文简称EB)是利用网络实现所有商务活动业务流程的电子化,不仅包括了EC面向外部的所有业务流程,如网络营销、电子支付、物流配送、电子数据交换等,还包括了企业内部的业务流程,如企业资源计划、管理信息系统、客户关系管理、供应链管理、人力资源管理、网上市场调研、战略管理及财务管理等。所以,广义的电子商务既包括了企业内部商务活动,如生产、管理、财务等,也包括企业对外的商务活动,将上下游业务合作伙伴企业结合起来进行业务。两者的区别与联系见图1-1和表1-1。

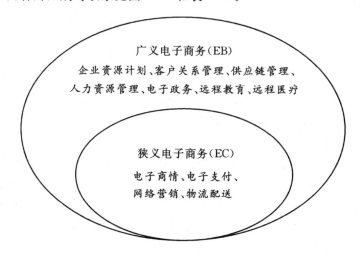

图1-1 广义与狭义的电子商务包含内容的区别

表1-1 从电子技术和商务活动方面对EC与EB的对比

	EC	EB
电子技术	EB技术	Web+其他IT技术
商务活动	交易	交易+其他与企业经营有关的活动

(二)电子商务的内涵

1. 电子商务的前提

电子商务是应用现代信息技术在Internet上进行的商务活动,从本质上讲电子商务是一组电子工具在商务过程中的应用。而应用的前提和基础是完善的现代通信网络和人们的思想意识的提高以及管理体制的转变。因此,没有现代信息技术及网络技术的产生和发展就不可能有电子商务。

2. 电子商务中"电子"与"商务"的关系

电子商务中的"电子"是指电子商务技术,那么是不是只要将电子商务技术与传统商务活动结合就实现电子商务了?答案不是单纯的"是"或者"不是",问题的关键是看如何结合。看下面两个公式:

$$电子商务 \neq 电子 + 商务$$
$$电子商务 = 电子 \times 商务$$

这两个公式的意思是说,电子商务不是电子和商务的简单相加,而是电子和商务的有效融合;电子和商务的结合并不必然地得到具有更高效率和效益的电子商务。相反,如果结合得不好,电子商务的效率和效益甚至更低。因此,电子商务的落脚点是商务,商务是核心,电子是手段和工具。电子商务是基于计算机网络并与之有效融合的商务活动,而不是相反。所以电子商务中的"商务"不再是指原来的商务活动模式,而是指与电子商务技术匹配的进化了的商务模式。一种好的商务模式必然促进社会分工,进而促进社会经济发展。

3. 电子商务的核心

电子商务是一个社会系统,是信息现代化与商贸的有机结合,在电子商务活动中,虽然我们充分强调工具的作用,但归根结底起关键作用的仍是人。因为工具的制造发明、工具的应用、效果的实现都是靠人来完成的,所以,必须强调人在电子商务中的决定性作用。所以一个国家、一个地区能否培养出大批掌握现代信息技术、掌握现代商贸理论与实务的复合型人才就成为该国、该地区成功发展电子商务最关键的因素。

4. 电子商务的工具

电子商务的基础是现代化电子工具的应用。这些现代化电子工具包括:计算机、互联网络、电子支付平台、条形码扫描枪、POS 机、射频识别系统、银行卡、IC 卡、卫星定位系统、地理信息系统、自动化立体仓库、自动分拣系统等。

5. 电子商务的主要对象

电子商务的对象是指从事商务活动的客观实体,包括商家、中间商、客户、银行、物流配送中心以及政府管理部门等,他们是电子商务活动的实际参与者。

6. 电子商务的目的

在电子商务中,商务是核心,电子是手段,因此,电子商务的目的必然是高效率、高效益、低成本地进行产品生产与产品服务,提高整个社会的运行效率和企业的整体竞争能力。

三、电子商务的组成与功能

(一)电子商务的组成

在电子商务的基本组成要素有消费者、企业、银行、物流配送中心、CA 认证中心和政府等。

(1)消费者。消费者可使用多种手段接入 Internet,获取信息、购买商品和服务。

(2)企业。企业通过其网络营销平台向消费者发布信息,展示产品和服务,为消费者提供售前、售中和售后服务。

(3)认证中心(CA)。认证中心是受法律承认的权威机构,负责发放和管理数字证书,使网上交易的各方能相互确认身份,保证信息传输的安全。

(4)物流配送中心。物流配送中心按照商家的送货要求,组织运送无法从网上直接得到的商品,跟踪商品的流向,将商品送到消费者手中。

(5)网上银行。网上银行在 Internet 上实现传统银行的业务,为用户提供 24 小时服务,提供网上支付手段,为电子商务中的用户和商家服务。

(6)政府。政府相关职能部门主要行使对电子商务活动的监管职能,如为了保证企业营销网站的合法性,政府管理部门需要对企业网站进行备案、监管,如果企业从事外贸业务,还需要向政府管理部门申请电子报关。

它们在电子商务活动过程中的联系如图 1-2 所示。

在电子商务交易过程中,信息流、资金流和物流被分离了,它们通过不同的渠道来协同完成其任务。消费者登录到企业的网站了解商品信息进行询价,属于双向互动的信息流。消费者付款时通过其开户行将货款汇至企业的开户行,这是反向流动的资金流。企业通知物流配送中心将货物配送给消费者,这是正向的物流。

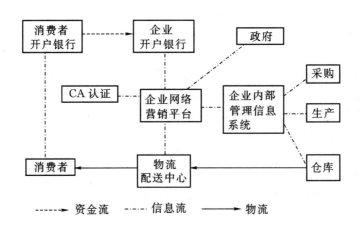

图 1-2 电子商务的基本组成

(二)电子商务的功能

电子商务可提供网上交易和管理等全过程的服务,因此它具有广告宣传、咨询洽谈、网上订购、网上支付、电子账户、服务传递、意见征询、交易管理等功能。

1. 广告宣传

电子商务可凭借企业的 Web 服务器和客户的浏览,在 Internet 上发布各类商业信息。客户可借助网上的检索工具迅速地找到所需商品信息,而商家可利用网上主页和电子邮件在全球范围内进行广告宣传。与以往的各类广告相比,网上的广告成本更为低廉,而给客户的信息量却更丰富。

2. 咨询洽谈

电子商务可借助非实时的电子邮件、新闻组和实时的讨论组来了解市场和商品信息、洽谈交易事务,如有进一步的需求,还可用网上的白板会议来交流即时的图形信息。网上的咨询和洽谈能超越人们面对面洽谈的限制,提供多种方便的异地交谈形式。

3. 网上订购

电子商务可借助 Web 中的邮件交互传送实现网上的订购。网上的订购通常都是在产品介绍的页面上提供十分友好的订购提示信息和订购交互格式框。当客户填完订购单后,通常系统会回复确认信息单来保证订购信息的收悉。订购信息也可采用加密的方式使客户和商家的商业信息不会泄漏。

4. 网上支付

电子商务要成为一个完整的过程,网上支付是重要的环节。客户和商家之间可采用信用卡账号进行支付。在网上直接采用电子支付手段将可省略交易中很多人员的开销。网上支付将需要更为可靠的信息传输安全性控制以防止欺骗、窃听、冒用等非法行为。

5. 电子账户

网上的支付必须要有电子金融来支持,即银行或信用卡公司及保险公司等金融单位要为金融服务提供网上操作的服务。而电子账户管理是其基本的组成部分。

信用卡号或银行账号都是电子账户的一种标志。而其可信度需配以必要技术措施来保证。如数字证书、数字签名、加密等手段的应用提供了电子账户操作的安全性。

6.服务传递

对于已付款的客户应将其订购的货物尽快地传递到他们的手中。而有些货物在本地，有些货物在异地，电子邮件只能在网络中进行物流的调配。而最适合在网上直接传递的货物是信息产品，如软件、电子读物、信息服务等。它能直接从电子仓库中将货物发到用户端。

7.意见征询

电子商务能十分方便地采用网页上的"选择""填空"等格式文件来收集用户对销售服务的反馈意见。这样使企业的市场运营能形成一个封闭的回路。客户的反馈意见不仅能提高售后服务的水平，更使企业获得改进产品、发现市场的商业机会。

8.交易管理

整个交易的管理将涉及人、财、物多个方面，企业和企业、企业和客户及企业内部等各方面的协调和管理。因此，交易管理是涉及商务活动全过程的管理。

第三节 农产品电子商务

一、农产品电子商务的概念

农产品电子商务，即在农产品生产销售管理等环节全面导入电子商务系统，利用信息技术，进行供求、价格等信息的发布与收集，并以网络为媒介，依托农产品生产基地与物流配送系统，使农产品交易与货币支付迅捷、安全地得以实现。

二、农产品电子商务的三个层次

从我国农产品电子商务的实践来看，农产品电子商务业务呈现三个层次的特征：

一是初级层次。我国目前农产品电子商务主要是为农产品交易提供网络信息服务。如一些企业建立的农产品网上黄页，在网络平台上发布企业信息和产品信息。大型农业集团建立的超大现代农业网，小企业或是个体农户则依托各类农产品信息网发布信息。

二是中级层次。一些网站不仅提供农产品的供求信息，还提供了网上竞标、网上竞拍、委托买卖等在线交易形式，交易会员可以直接在网上与自己需要的运输公司洽谈，但尚未实现交易资金的网上支付。资金的支付还是依靠传统的邮局或银行实现。

三是高级层次。高级层次的农产品电子商务不仅实现农产品电子商情的网上发布和农产品在线交易，还实现了交易货款的网上支付，是完全意义上的电子商务。

三、农产品电子商务发展现状

自我国推出"农村电商"相关政策后，大量的涉农电商纷纷涌现，站在"互联网＋"浪尖风口处，解决农产品信息不对称现象，除去"中间商"利润，借助电子商务，减少农产品的流通环节，推动农产品领域的公平贸易。同时一大批中小电商平台迅速崛起，不仅有很多农业传统企业开始建设电商平台，为数不少的农业个体户也通过加盟电商网站销售自己的特色农产品。各大小电商平台成为农产品销售特色农产品的重要渠道。可以说，电子商务正在改变传统农产品的生产和销售方式，也正在改变农村的生活方式。

我国农产品电商自1995年以来,经过20余年的发展,已初步形成了包括涉农网上期货交易、涉农大宗商品电子交易、涉农B2B电子商务网站,以及涉农网络零售平台等在内的多层次涉农电子商务市场体系和网络体系。目前全国涉农电子商务平台已超3万家,其中农产品电子商务平台已超过3000家。

据统计,2016年阿里巴巴平台农产品交易额超过1000亿元,同比增速超过40%。2016年阿里巴巴平台零售销售额最高的十类农产品,排名依次是坚果、茶叶、滋补品、果干、水果、肉类熟食、饮用植物、绿植、水产品、奶制品。其中,坚果销售额超过100亿元。2016年阿里巴巴平台零售平台消费额增长最快的五类农产品分别是蔬菜、蛋制品、肉类、肉类制品、米面,其中热门产品分别为番薯、姜、蒜、土豆等。

案例拓展

农村电商 缩短农产品到餐桌的"距离"①

从2018年前4个月的网上零售主要产品类型来看,工业消费品占比大,服务类产品及农产品占比非常小,表明农产品线上交易仍有很大提升空间。

在互联网与各种传统行业深度融合的今天,农产品销售自然不会错过"互联网+"这趟时代列车。无论是发展特色农产品,还是在精准扶贫层面,其价值和意义都不言而喻。要知道,电商扶贫,已然是与干部驻村帮扶、职业教育培训、旅游扶贫等一起并列的精准扶贫十大工程之一。

目前,各大电商平台已纷纷涌入农产品网络交易领域,并各显神通,最大程度压缩中间环节,甚至可以实现田间直发餐桌,生鲜类的农村电商正高速发展。

谁能为农产品解决销路问题,反过来,有庞大的农村市场做后盾,市场也一定不会亏待谁。就像成立不过三年的拼多多之所以迅速崛起,一个成功的秘密,就在于看准并深耕农产品销售市场,一跃发展成为国内最大的农产品销售平台。

---

① 农村电商 缩短农产品到餐桌的"距离"[EB/OL].[2018-07-16]. http://www.wjq.gov.cn/dzsw/xwdt/163086.htm.

通过与朋友、家人、邻居等一起拼单团购,从而把消费者零散的需求整合,变成规模化采购和运输,就能以更低的价格买到优质商品。

难怪有人说,淘宝用近二十年时间培养了用户上网买零食、服饰、手机电脑的习惯,现在,拼多多要培养用户上网买菜、买水果、买农产品的习惯。

事实上,在传统的零售批发中,从农民—商贩—批发市场—超市/菜市场—消费者,这中间要经历好几道环节,层层加价之后往往形成了"两头吃亏,中间获利"的局面。

如今,随着互联网技术的进步,就可以有效缩短农民与消费者之间的距离,让农民得到最大实惠,让城市居民还吃到了新鲜的农产品。在此之下,城市居民的消费需求反过来也能引导农产品生产,订单农业正在成为现实。

科技改变生活,此言真的不虚。农村电商虽然起步晚,但发展很快,俨然已是农村经济发展的重要推手。值得关注的是,作为近年来扶贫工作的新兴力量,农村电商不仅降低了农产品"进城赶集"的门槛,更是在带动贫困户就业、增收等方面,发挥了精准而有效的作用。

不过,也要看到,农产品同质化严重、物流建设滞后、农村网商人才匮乏、农村网商基础设施建设滞后等现实问题显而易见,农产品上行依然存在着诸多阻碍。有关人士就提出成立农村电商领导机构,统筹推动农村电商发展等具体建议,呼吁多措并举发展农村电商。

近日,相关部门发布《关于开展2018年电子商务进农村综合示范工作的通知》,可以预见,国家对于农产品进城的扶持力度会进一步加大,农村电商随之必将更加"风生水起"。

第二章 农产品电子商务交易模式

第一节 B2B电子商务模式

一、B2B模式的定义

B2B即"business to business",有时写作"B to B",但为了简便则用其谐音"B2B"。它是指商家(泛指企业)对商家的电子商务,即企业与企业之间通过互联网进行产品、服务及信息的交换。通俗的说法是指进行电子商务交易的供需双方都是商家(或企业、公司),他们使用Internet的技术或各种商务网络平台,完成商务交易的过程。

B2B过程包括发布供求信息、订货及确认订货、支付过程及票据的签发、传送和接收、确定配送方案并监控配送过程等。

B2B的典型是阿里巴巴、企业环球资源网、中国供应商、中国制造网、敦煌网、慧聪网等。

二、B2B模式的类型

(一)按照电子商务面向行业的范围不同分类

根据电子商务面向行业的范围不同,目前B2B电子商务模式主要分为两类:垂直B2B电子商务和水平B2B电子商务。

1. 垂直B2B电子商务

垂直B2B电子商务主要面向实体企业,包括制造业、商业等行业的企业。这种模式的特点为:所交易的物品是一种产品链的形式,可提供行业中所有相关产品、互补产品或服务,追求的是"专"。由于垂直网站面对的是一个特定的行业或专业领域,所以运作这类网站需要较深的专业技能。专业化程度越高的网站,越需要投入昂贵的人力资本来处理较狭窄、专业性的业务,这样才能发挥该虚拟市场的商业潜能。目前比较有代表性的垂直B2B电子商务网站有:我的钢铁网、中国化工网、鲁文建筑服务网等。

垂直B2B电子商务可以分为上游和下游两个方向。生产商或零售商可以与上游的供应商之间形成供货关系,如戴尔公司与上游的芯片和主板制造商就是通过这种方式进行合作的。生产商与下游的经销商可以形成销货关系,如思科系统公司与其分销商之间进行的交易就是采取这种方式。

2. 水平B2B电子商务

水平B2B电子商务主要面向所有行业,是一种综合式的B2B电子商务模式。它将各个行业中相近的交易过程集中到一个场所,为买方和卖方创建一个信息沟通和交易的平台,让他们能够分享信息、发布广告、竞拍投标,为他们提供一个交易机会。

水平B2B电子商务网站并不一定是拥有产品的企业,也不一定是经营商品的商家,它只为买卖双方提供一个交易的平台将他们汇集在一起。这类网站追求的是"全"。我国这类网站比较多,现在发展得也较好,如阿里巴巴、慧聪网、全球制造网等。

(二)按照交易的媒介不同分类

1. 企业间模式

(1)企业内联网模式。

企业内联网模式是指企业对商业伙伴有限地开放,允许已有的或潜在的商业伙伴有条件地进入自己的内部计算机网络,进行商业交易相关操作。这种模式有利于信息的定向收集与保密,也可以与合作伙伴进行更为专业和深入的沟通、交流。但企业在采用这种模式时一定要注意网络的安全性问题。

(2)企业与外部企业间模式。

在这种模式下,企业与其已有的或潜在的商业伙伴主要通过互联网进行沟通和交流。企业利用自己的网站或网络服务商的信息发布平台,发布买卖、合作、招投标等商业信息。

2. 中介模式

中介模式是指以网络商品中介为媒介进行 B2B 电子商务交易的模式。它是通过网络商品交易中心,即虚拟市场进行的商品交易,是现在 B2B 电子商务交易中一种重要且常见的模式。在这种交易过程中,网络商品交易中心以互联网为基础,利用先进的计算机软件技术和网络通信技术,将卖方、买方、银行、认证中心等紧密联系起来,为客户提供市场信息、商品交易、货款结算、配送储存的全方位服务。

3. 专业服务模式

专业服务模式是指网上机构通过标准化的网上服务,为企业内部的管理提供专业化的解决方案的 B2B 电子商务模式。这种模式不仅能带给企业非常专业的服务,而且能帮助企业减少开支、降低成本,还能提高客户对企业的信任度和忠诚度。

三、B2B 模式的交易流程

B2B 电子商务的交易流程可简单归纳为以下几步。

(一)交易前

在进行交易前,买方首先应明确自己想要购买的商品,准备好足够的货款,并制订相应的购买计划;然后搜寻信息,寻找合适的卖家。找到卖家后,买卖双方可就交易事宜进行沟通,如买方向卖方询价,卖方再向买方报价,并说明商品的具体信息,落实商品的种类、数量、价格、交易方式等。

买卖双方在进行交易之前都需要尽可能详细地了解对方的情况,如对方的信用状况、财务状况、送货情况等。如果进行的是国际贸易,还要注意了解对方国家的贸易政策、交易习惯等。买卖双方应尽可能向对方提供更多的信息,以促成交易的成功。

(二)交易中

买卖双方利用电子商务系统就所有的交易细节进行商谈,然后将协商结果制作成文件,签订合同,明确双方各自的权利、义务、标的商品的种类、数量、价格、交货时间、交货地点、交货方式、违约条款等。最后,双方还需要到银行、保险公司、运输公司、税务部门等办理预付款、投保、托运、纳税等相关手续。

(三)交易后

这个环节的核心任务是商品的配送与接收。卖方须根据合同的约定,在完成备货、组货后将向买方发货;买方在收到卖方发来的货物后,也必须按照约定检验并接收货物。如果交接活动正常进行,买卖双方将在完成发货和接货后,进行款项的结算,至此整个交易过程告终;如果中途出现违约情况,双方将根据合同约定进行索赔和赔付。

第二节 B2C电子商务模式

一、B2C电子商务模式的定义

B2C即"business to customer",B2C模式是我国最早产生的电子商务模式,以8848网上商城正式运营为标志。B2C即企业通过互联网为消费者提供一个新型的购物环境——网上商店,消费者通过网络进行网上购物和网上支付。由于这种模式节省了客户和企业的时间和空间,大大提高了交易效率,节省了宝贵的时间。B2C的典型有天猫、京东商城、当当网等。

二、B2C模式的类型

B2C电子商务模式主要有两种分类方式。

(一)按照企业和消费者的买卖关系分类

从企业和消费者买卖关系的角度看,B2C电子商务可分为卖方企业—买方个人的电子商务、买方企业—卖方个人的电子商务以及综合模式等三种模式。

1. 卖方企业—买方个人的电子商务模式

卖方企业—买方个人是一种卖方(企业)向买方(个人)销售商品或服务的模式。在这种模式中,卖方首先应在网站上开设网上商店,建立交易平台,公布商品或服务的名称、价格、品种、规格、性能等,供消费者选购;然后消费者在线选购、下订单并支付货款;最后由商家或第三方物流企业将商品送到消费者手中。

在这种模式中,企业不需要开设实体店铺即可与消费者进行"零距离"的沟通和交易,不仅节省了店铺租金和人员工资,还能及时得到消费者的反馈,及时调整库存和配送计划,进一步节约运营成本。对于消费者而言,他们足不出户即可"货比三家",能够获取更多、更透明的商品信息,极大降低了购物的烦琐,又节约了购物时间,获得了更多的便利。这种模式中比较典型的代表是卓越亚马逊。

2. 买方企业—卖方个人的电子商务模式

买方企业—卖方个人是一种买方(企业)向卖方(个人)求购商品或产品的模式。这种模式在企业网上招聘人才活动中应用最多。在这种模式中,企业首先在网上发布需求信息,然后应聘者上网与企业洽谈。这种方式在当今社会中极为流行,因为它建立起了企业与个人之间的联系平台,使得人力资源得以充分利用。

3. 综合模式的电子商务

综合模式的电子商务结合了上述两种模式,企业和个人都在网上发布信息,然后企业进行网上面试或者个人上网寻找企业进行洽谈。现在许多人才招聘网站都在采用这种模式。

（二）按照交易的客体分类

按照交易中的客体的性质，可将 B2C 电子商务模式分为销售无形产品或服务的电子商务模式和销售有形产品的电子商务模式。前者是一种完全的电子商务模式，后者则是一种不完全的电子商务模式。

1. 销售无形产品或服务的电子商务模式

无形产品又称为虚拟产品，如电子信息、音乐、电影、充值卡、计算机软件、游戏等，它们可以直接通过网络传输而获得。销售无形产品或服务的电子商务模式主要有网上订阅、付费浏览、广告支持和网上赠予等四种。

（1）网上订阅。网上订阅是指消费者在网上订阅企业提供的无形产品或服务，并通过网络进行浏览或消费的模式。网上订阅主要被商业在线机构用来销售报纸杂志、有线电视节目等，其形式又分为在线服务、在线出版、在线娱乐等。

（2）付费浏览。付费浏览是指企业通过网页安排向消费者提供计次收费性网上信息浏览和信息下载的电子商务模式。在这种模式中，消费者可以根据自己的需要，有偿购买企业所提供产品和服务中的一部分，从而可以作为一种产品或服务的试用体验。

（3）广告支持。广告支持是指在线服务商免费向消费者或用户提供信息在线服务，而营业活动全部用广告收入来获得的模式。此模式是目前最成功的电子商务模式之一。

（4）网上赠予。网上赠予是一种非传统的商业运作模式，是企业借助于国际互联网用户遍及全球的优势，向互联网用户赠送软件产品，以扩大企业的知名度和市场份额。通过让消费者使用该产品，促使消费者下载一款新版本的软件或购买另外一个相关的软件。

2. 销售有形产品的电子商务模式

有形产品是指传统意义上的实物产品，虽然其电子商务活动中的查询、订购、支付等环节可以通过网络实现，但最后的交付环节仍然要通过传统的方式来实现。

（三）按照销售的模式分类

1. 商品直销模式

商品直销模式是网络销售中最常见的一种模式。它是消费者与生产者之间或者需求方与供给方之间，直接通过网络开展买卖活动的模式。其最大特点是减少了中间环节，供需双方直接交易，费用低、速度快。

2. 网上专卖店模式

网上专卖店模式一般面向价值相对较高、专业化程度较高或个人需求差异较明显的商品，如汽车、高档首饰、高档服装等。这主要是由于网上专卖店能为消费者提供一对一的定制服务，而提供这种服务的成本往往较高，普通商品的利润不足以支撑这种服务。

3. 网上销售联盟模式

在 B2C 电子商务活动中，有些交易并不是以单个企业对消费者的形式出现，而是同类型、同行业的多家企业同时为消费者进行服务。将这些企业联合起来的中介称为销售联盟中介，所形成的模式称为网上销售联盟模式。

采用网上销售联盟模式的企业往往比较分散，纪律性不强，自发集中交易的成本比较高。在销售联盟中介出现后，便能以较低的成本将各个分散的企业迅速集中起来，随时发现并响应消费者提出的组合服务需求。例如，消费者通常借助旅行社来预订整个旅途上的食、住、行等活动,旅行社根据消费者的具体需求将相关活动分拆给整条线路上的各个饭店、旅店、航空公司等,此时就由旅行社来担任销售联盟中介的角色。

4. 网上代理模式

网上代理也是近些年迅速发展的B2C电子商务模式之一,其形式包括买卖履行、市场交换、购买者集体议价、中介代理、拍卖代理、反向代理、搜索代理等。有些大型企业为了将精力更好地集中核心业务,而将一些非核心的服务转交给一些代理公司,让其为消费者提供售前、售后咨询等业务,这样不仅可以降低企业的运营成本,还可以为消费者提供更加专业的服务。

三、B2C电子商务模式交易流程

B2C电子商务交易中的参与方主要有消费者、商户(企业)、银行、论证中心等。下面简要介绍B2C模式的交易流程。

(一)注册

消费者要在某个商户的网站上进行购物,一般需要注册为该网站的会员,填写相关信息,以便商户维护客户和后期送货。

(二)浏览搜索商品

消费者在登录商户网站后,即可浏览并搜索自己想要的商品,利用网站提供的搜索栏,消费者可以进行较为精确的搜索。

(三)选定商品并提交订单

当消费者选定自己想要的商品后,点击"购买",即可将商品放入"购物车"。在"购物车"中,消费者可以查看商品的名称、价格、数量以及金额总计等信息,并可以调整商品的数量,取消某些商品,甚至清空"购物车",重新选择商品。

(四)确认订单信息

消费者进一步确认购物车里的商品信息后,点击"结算",进入确认订单信息环节。在这一环节,消费者主要确认收货人信息、送货方式、付款方式、商品清单,以及确认是否需要发票或使用礼品卡、礼券。

为了保证商品配送的顺利进行,消费者需要认真核对收货人信息栏中的收货人姓名、地址、联系电话等信息。

一般的送货方式主要有三种:普通快递送货上门、加急快递送货上门和邮政特快专递EMS。其中,前两种方式支持货到付款。为了方便消费者,有些网站在普通快递送货上门中还提供了选择上门时间的服务,如只限周一到周五上班时间送货或者周六、周日休息时间送货。网上支付和货到付款是消费者最常用的两种支付方式。如果消费者选择了"网上支付",则需要先开通网上银行。有的网站提供了招商银行、中国工商银行、中国农业银行等多种网上支付渠道。

(五)提交订单,完成支付

当所有订单信息确认无误后,点击"提交订单",网站将自动生成订单号。如果消费者选择的是网上支付方式,则需要继续进行网上支付操作。至此,网上操作部分基本结束。

(六)商户送货

商户在收到消费者订单后便需要尽快组织送货,并根据消费者提交的送货信息合理安排配送时间和配送方式。消费者也可通过提交订单后生成的订单号在网站上实时查询订单现状,了解送货进度。另外,如果消费者对此次购买不满意,还可以修改订单,甚至取消订单。

第三节　C2C电子商务模式

一、C2C电子商务模式的定义

C2C即"consumer to consumer"。C2C同B2B、B2C一样,都是电子商务的模式之一。不同的是,C2C是用户对用户的模式。C2C商务平台就是通过为买卖双方提供一个在线交易平台,使卖方可以主动提供商品上网拍卖,而买方可以自行选择商品进行竞价。

随着网民数量的不断增加、网络购物市场的日趋成熟以及第三方支付平台的出现和信用评价体系的建立,C2C电子商务模式更灵活和自由的模式受到越来越多用户的认可,C2C的典型是淘宝网、易趣网、拍拍网等。

二、C2C模式的类型

C2C电子商务模式主要分为拍卖模式和店铺模式两种。其中,拍卖模式主要是指电子商务企业为买卖双方提供一个网络拍卖平台,按比例收取交易费用的模式。

网络拍卖是利用网络进行在线交易的一种新模式,它可以让商品所有者或某些权益所有人在其平台上独立开展以竞价、议价方式为主的在线交易模式。目前网络拍卖主体的形式有拍卖公司、网络公司以及拍卖公司和网络公司或其他公司联合形成的主体。其中,较为常见的是网络公司,我国主要以易趣网、淘宝网为代表。

店铺模式主要是指电子商务企业为个人提供开设网上商店的平台,以收取会员费、广告费或其他服务收费来获取利润的模式。

开设网上商店是目前较为常见的创业方式。用户只需了解目标网上商城的入驻条件、竞争力、基本功能和服务等情况,就可以开设网店。虽然进驻门槛不高,但要建设和经营好一家网上商店则需要用户积累丰富的经验并投入大量的精力。

三、C2C模式的交易流程

下面以手机淘宝为例,简要介绍C2C模式的交易流程。

(一)用户注册

与淘宝网的用户机制相似,所有的手机淘宝用户首先需要进行注册,用户通过手机登录淘宝注册页面填写注册信息。对于卖家则必须通过实名认证并且发布10件以上的宝贝,才可以在淘宝上免费开店。移动淘宝为卖家免费提供电子店铺主页、橱窗位等以供展示商品。用户还可以参加各种促销活动。

(二)商品信息的发布

卖家只有通过个人实名认证和支付家认证,发布的宝贝才可以让买家看到,卖方发布商品可在PC机终端上完成,也可通过手机完成,在商品图片获得及上传方面,手机有拍照功能,使用起来更加便捷。移动淘宝中的商品数据信息必须与PC登录网站时看到的商品数据库实现共享,避免同时在 PC 平台中开店的卖方将商品信息向手机淘宝复制造成麻烦。同样,对于卖方的需求信息的发布也是如此。淘宝有自己的投诉机制,对炒作信用度、哄抬价格以及知识产权侵权等恶性行为进行惩戒。如果会员被投诉或者被举报信用炒作,该被投诉或被举报会员应提供相应的凭证证实自己的交易是真实有效的,以供淘宝核实,对于有炒作信用度行为的账户,淘宝亦有权视情节对该账户作永久冻结处理。

(三)买方对商品信息的获得

买方在任何有购物欲望的时候都可以拿出手机输入自己有意购买的商品名称及产品型号等参数对移动 C2C 平台中的商品信息进行搜索、查询。而卖方以及移动 C2C 平台的提供商也可以通过网络向手机用户发送商品介绍、降价促销等内容的广告信息来达到吸引客户,增大销量的目的。

(四)交易的达成及确认

当买方查到其想购买的商品后,便可以通过手机拍下该商品,并在系统中进行确认,从买方决定购买到交易确认的过程中,交易双方可以通过阿里旺旺对商品的性能、质量、价格等进行沟通,最终达成交易意向。沟通的记录可以保存起来以备在发生欺诈行为时作为举证之用。当交易确定以后,买方在系统中作出确认,进入下一步的付款程序。

(五)系统的移动支付流程

手机淘宝采用安全支付流程。支付是电子商务实现过程中非常重要的一个环节。安全、便捷的移动电子支付是体现移动 C2C 模式价值的关键,是移动 C2C 模式的特色之一。

"支付宝钱包"是淘宝网公司为了解决移动网络交易安全所开发的一个软件,该软件为"第三方担保交易模式",这是手机淘宝 C2C 交易平台的一大亮点,也是手机淘宝能受到众多网上购物者青睐的重要因素。目前支付宝已非常普及,不仅是作为淘宝支付的中介,也成为理财的一个渠道。在现在诸多的商业银行提供的手机银行服务中增加一种与支付宝类似的信用中介的代收代转的安全保障功能,便可轻松地实现更为方便、安全的移动支付。

(六)物流环节的实现

通常,C2C 模式下的买卖双方在地域上非常分散,商品的成交频率很高,但每次成交的商品数量与价值却不会太大。除了虚拟商品可以通过网络数据传输送达消费方外,其他实物商品的交送基本依靠第三方的物流公司或邮局来完成。手机淘宝通过加强与实力强、信誉好的专业物流公司的联盟,协调交易双方来实现物流这一环节。

将以上六个主要步骤进行整合,便可以得到一个较为完整的移动 C2C 的业务模型。其间,电子商务的信息流、资金流以及物流之间得到了较合理的协调和统一,而信息流贯穿于整个交易过程中,对系统的全过程起到决定性的作用,而信息流的实现最终依靠的是各种移动信息技术在整个系统中的应用。

第四节 其他电子商务模式

一、G2B 电子商务模式

G2B 模式即政府与企业之间通过网络进行交易活动的运作模式,如电子报税、电子通关、电子采购等。

G2B 模式比较典型的例子是政府网上采购。政府往往通过这种模式在网上进行产品或服务的采购和招标。G2B 模式操作相对透明,不仅能有效降低采购成本,还有利于找到更加合适的供货商。

G2B 模式的推广使需求商对供应商的选择扩展到全世界的范围,双方能够得到更多的产品和需求信息。供应商也能通过网络获得更多的投标机会。

二、G2C 电子商务模式

G2C 模式是指个人消费者与政府部门之间的电子商务。其中的"C"可以理解为"consumer",也可理解为"citizen"。政府可通过 G2C 网站向公民提供各种服务。

目前,我国 G2C 模式的网站主要由政府主导,但一般并不限于 G2C 一种功能。例如,南京市政务大厅不仅有对企业的业务处理,也有对个人的业务处理。

三、ASP 电子商务模式

ASP 模式即信息化应用服务提供商运作模式,是指由电信网络作为中介,牵头组织多家拥有优质产品和丰富行业经验的上下游企业参与运作,通过整合电信基础业务产品与电信增值业务产品,为中小企业的信息化提供优质的企业信息化解决方案和服务。

ASP 模式的优势在于可以充分利用各方的比较优势,为供应商提供更多机会,为客户提供价格低廉、稳定可靠、多样化的电子商务产品,从而实现双赢甚至多赢局面。

四、P2P 电子商务模式

P2P 是"peer to peer"的缩写,可以理解为"伙伴对伙伴"的意思,即对等联网,P2P 模式的优势是可以直接将人们联系起来,让人们通过互联网直接交易。这种模式消除了中间商的环节,使买卖双方的沟通变得更加容易和直接。

五、X2X 电子商务模式

X2X 是"exchange to exchange"的缩写,可理解为"交易到交易"模式,它是在网上电子交易市场的不断增加,导致不同的交易市场之间也需要实时动态传递和共享信息的情况下产生的,是 B2B 电子商务模式的一次深入发展。

六、O2O 电子商务模式

(一)O2O 的概念

O2O(online to online),即将线下商务的机会与互联网结合在一起,让互联网成为线下交易的前台。这样线下服务就可以用线上来揽客,消费者可以用线上来筛选服务,并在线支付相应的费用,去线下供应商那里完成消费。该模式最重要的特点是推广效果可查,每笔交易可跟踪,如美团网、百度糯米、大众点评等团购类网站。

(二)O2O 模式的特点

1. 对用户而言

(1)获取更丰富、全面的商家及其服务的内容信息。

(2)更加便捷地向商家在线咨询并进行预售。
(3)获得相比线下直接消费较为便宜的价格。

2. 对商家而言

(1)能够获得更多的宣传、展示机会吸引更多新客户到店消费。
(2)推广效果可查,每笔交易可跟踪。
(3)掌握用户数据,大大提升对老客户的维护与营销效果。
(4)通过与用户的沟通,更好地了解用户心理。
(5)通过在线有效预订等方式,合理安排经营节约成本。
(6)对拉动新品、新店的消费更加快捷。
(7)降低线下实体对黄金地段旺铺的依赖,大大减少租金支出。

3. 对O2O平台本身而言

(1)与用户日常生活息息相关,并能给用户带来便捷、优惠、消费保障等作用,能吸引大量高黏性用户。
(2)对商家有强大的推广作用及其可衡量的推广效果,可吸引大量线下生活服务商家加入。
(3)可以产生数倍于C2C、B2C的现金流。
(4)存在巨大的广告收入空间及形成规模后更多的盈利模式。

(三)O2O与B2C、C2C的差别

首先,O2O更侧重服务性消费(包括餐饮、电影、美容、旅游、健身、租车、租房等);B2C、C2C更侧重购物消费(实物商品,如电器、服饰等)。其次,O2O的消费者到现场获得服务,涉及客流;B2C、C2C的消费者待在办公室或家里,等货上门,涉及物流。再次,O2O中库存是服务;B2C中库存是商品。

第五节 农产品电子商务模式及案例

随着互联网的飞速发展,发展农产品电商将有效推动农业产业化的步伐,促进农业经济发展,最终实现地球村,改变农产品交易方式。

一、农产品电子商务模式的五种类型[①]

农产品电子商务是指在互联网开放的网络环境下,买卖双方基于浏览器/服务器的应用方式进行农产品的商贸活动,它是互联网技术变革农产品流通渠道的产物,是一种新型的商业模式。

据业内表示,国内传统农产品流通销售过程(从农产品产出到消费),通常要经历农产品经纪人、批发商、零售终端等多层中间环节,这类方式具有信息流通不畅、流通成本过高的严重问题,直到互联网的出现,恰好改进了其弊端,并将农产品的流通渠道变成网络状,进而衍生出以下五种不同的农产品电商模式(见图2-1)。

---

① 秒懂农产品电商五种模式及农产品网上销售10大营销方式分享[EB/OL].[2017-11-18]. http://www.sohu.com/a/205139718_312246. 五种模式让你读懂农产品电商的未来[EB/OL].[2017-07-06]. http://news.wugu.com.cn/article/1049860.html.

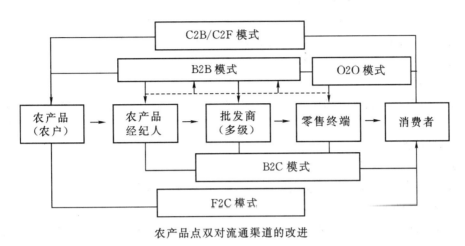

传统农产品流通过程

农产品点双对流通渠道的改进

图2-1 农产品电商模式

1. C2B/C2F 模式

C2B/C2F 模式,即消费者定制模式。它是农户根据会员的订单需求生产农产品,然后通过家庭宅配的方式把自家农庄的产品配送给会员。这种模式的运作流程分为四步:第一步,农户要形成规模化种植及饲养;第二步,农户要通过网络平台发布产品的供应信息招募会员;第三步,会员通过网上的会员系统提前预定今后需要的产品;最后,待产品生产出来后,农户按照预定需求配送给会员。

盈利来源:收取会员费,即会员的年卡、季卡或月卡消费。

代表企业:多利农庄、忠良网。

模式优势:提前定制化生产,经营风险小。

模式劣势:受制于场地和非标准化生产的影响,市场发展空间有限。

2. B2C 模式

B2C 模式又分为平台型 B2C 和垂直型 B2C 两种。即商家到消费者的模式,它是经纪人、批发商、零售商通过网上平台卖农产品给消费者或专业的垂直电商直接到农户采购,然后卖给消费者的行为。

此类模式是当前的主流模式,它又可以细分为两种经营形式:一种是平台型的 B2C 模式,如天猫、京东、淘宝;一种是垂直型的 B2C 模式(即专注于售卖农产品的电商模式),如我买网、顺丰优选、本来生活等。

盈利来源:产品销售利润、平台入驻费用、产品利润分成等。

代表企业:天猫喵鲜生、京东到家、我买网、顺丰优选、本来生活。

模式优势:中介角色,无需承担压货的风险。

模式劣势:对平台的流量、供应链要求高。

3. B2B 模式

B2B 模式即商家到商家的模式。这类模式是商家到农户或一级批发市场集中采购农产品然后分发配送给中小农产品经销商的行为。这类模式主要是为中小农产品批发或零售商提供便利,节省其采购和运输成本。

盈利来源:产品采购批发差价利润、服务费用。

代表企业:一亩田、惠农网、绿谷网。

模式优势:无需承担压货的风险,连接上下游,发展空间大。

模式劣势:对平台的流量、供应链、信息服务要求高。

4. F2C 模式

F2C 模式也被称为农场直供模式,即农产品直接由农户通过网上平台卖给消费者的行为。

盈利来源:产品售卖利润。

代表企业:沱沱工社。

模式优势:可以快速建立消费者的信任感。

模式劣势:受制于场地和非标准化生产的影响,市场空间有限。

5. 农业社区 O2O 模式

农业社区 O2O 模式也就是线上线下相融合的模式,即消费者线上买单,线下自提的模式。见图 2-2。

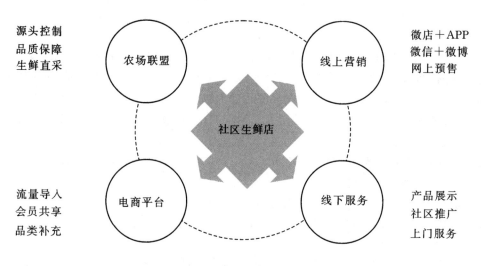

图 2-2 农业社区 O2O 模式

盈利来源:产品售卖利润。

代表企业:云厨电商。

模式优势:社区化模式,物流配送便利快捷。

模式劣势:地推所需成本较高。

上面五种不同的农产品电商模式适合不同的农产品,它们各有优劣势,并无绝对的优劣之分。而据相关数据显示,中国目前全国涉农电子商务平台已超 3 万家,其中农产品电子商务平台已达 3000 家,但基本都处于亏损状态。这种情况的出现,一方面是由于农产品电商尚处于发展的初级阶段,另一方面是由于农产品自身特殊的属性所决定的。农产品的天然属性,使其在运输、产品品质上要求颇高,因而驱动农产品电商发展的动力主要有五种:供应链、营销、产品、渠道、服务,每一种驱动力都可以构成一个农产品电商企业的核心竞争力。不同的农产品电商模式可以选取不同的驱动力作为其发展的核心要素,但农产品电商发展是一条长产业链条:从原端产品(品控)→标准化商品(包装)→运输配送(供应链)→服务,其中任何一条环节缺失,都无法发展好农产品电商,因而理清农产品电商的商业模式只是开端,核心是要在这四个环节上做好布局。一切才只是开始,农产品电商企业发展任重而道远。

二、农产品电子商务的 10 种营销模式

1. "农产品＋可视农业"模式

"可视农业"主要是指依靠互联网、物联网、云计算、雷达技术及现代视频技术将农作物或牲畜生长过程的模式、手段和方法呈现在公众面前,让消费者放心购买优质产品的一种模式。

"可视农业"还有一大功能,就是可靠的期货订单效应,众多的"可视农业"消费者或投资者,通过利用网络平台进行远程观察并下达订单,他们在任何地方通过可视平台都能观察到自己订的蔬菜、水果和猪牛羊等畜产的生产、管理全过程。

近年来,可视农业平台通过改造升级传统农业,贯彻电了商务下乡,升级商店对接餐饮,派发订单生产等形式活跃农村市场,不断向可视农业生产商派发订单订金,有效解决传统农业市场通路、资金短缺和食品安全三大疑难问题,以低价格好产品,输送到各个市场终端。

2. "农产品＋微商"模式

"农产品＋微商"模式其实就是农特微商。通过微信朋友圈发布自家的农产品信息,该信息包含种植、成长、采摘等信息。把农产品的生长情况拍成图片发布到微信里,让用户第一时间了解农产品的情况。

"农产品＋微商"需要考虑以下几个问题:

(1)品牌打造:要打造一个人格化的品牌,通过品牌来溢价。

(2)供应链打造:配送与物流、冷链,这是农特微商的重点。

(3)展示真实的自己:微信朋友圈卖的不是产品是人,是客户对发布信息人的喜欢与认可。

3. "农产品＋电商"模式

"农产品＋电商"模式就是电商、互联网平台对农产品进行展示及推广,让更多人了解、知晓,并方便用户在线下单及购买。

"农产品＋电商"模式要注意两个问题:

(1)农产品本身就是不是标品,但把农产品做成礼品或干货的确是一条路子;

(2)品牌改造的问题,即借助电商对农产品的重新定位,打造符合新时代消费者需要的工业品。

4. "农产品＋餐饮"模式

"农产品＋餐饮"模式把餐饮店、餐饮体验当做渠道或者平台,之后把农产品的体验、农产品消费、农产品互动嫁接在餐饮店里,从而破解农产品销售与推广困局。

采用"农产品＋餐饮"营销模式要思考几个点:要不要自己做餐饮体验店;农产品的优、特上下工夫;吃、玩、学如何平衡。

5. "农产品＋网络直播"模式

当今最火的是网络直播,如范冰冰、赵丽颖等明星也纷纷参与网络直播,并获得百万的

打赏。

网络直播的好处：

(1)亲眼所见,提高购买信心;

(2)参与互动,获得满足感;

(3)新奇时髦,很多人都是冲着没有玩过的东西而来的。

同时,农产品＋网络直播能解决信任问题。通过网络直播可以让用户增强产品的信心,还可以快速传播推广。因为,网络是没有边际,网络直播的方式能很好地推广农产品及品牌。

但在网络直播也要考虑几个问题：

(1)网络主播的知名度,最好是企业创始人或者明星;

(2)服务要跟上,尤其是有用户下单后要配套安全、快速的物流与配送。

6."农产品＋众筹"模式

"农产品＋众筹"模式即通过众筹平台来卖农产品,已经成为新农人常用的手段。其中,"农产品＋众筹"模式可以解决农产品的滞销及农产品传播等问题。

7."农产品＋社群"模式

社群是什么？社群就是有相同标签、相同兴趣、相同爱好、相同需求属性的人自发或者有组织的群体组织。

在农产品方面,比如樱桃爱好者、素食爱好者、减肥爱好者、苹果爱好者等对某一款农产品或者具有相同属性的人对农产品的相同需求的人组成的群体,他们会对农产品的需求相同。

8."农产品＋直销店"模式

直销店解决的是产地到餐桌的问题,同时减少了中间渠道,降低产品单价,提高农产品与用户的互动。

"农产品＋直销店"模式不是普通的农民就能做到的,该模式是需要政府或者农业龙头企业牵头。因为直营直销连锁店投入成本巨大,连锁管理也需要专门的人才。

9."农产品＋认养"模式

"农产品＋认养"模式即互联网认养农业。认养的概念,即发起众人合伙认养一种农产品(植物、动物),根据需要认购的数量或部位,一起享受认养的乐趣,共同获得优质产品。

"农产品＋认养"模式需要注意的问题：

(1)服务与监督;

(2)信息要透明,即认养情况一定要透明,并且要让大家相互知晓,不能存在欺诈。

10."农产品＋网红直播＋电商平台"模式

互联网催生了很多的新型经济模式,网红经济便是其中的一种。这里的网红可以是名人明星,可以是当红网络女主播,也可以是卖家自己打造的"村红"。

通过网红直播加电商平台进行农产品营销的三个步骤：

第一,策划营销活动,并邀请网红参加。

第二,需要网红在线直播自己对农产品的体验感觉,农产品是什么样的,什么味道的,自己觉得如何。

第三,在电商平台,如淘宝、京东,同步开始产品销售。

当然,除了以上10种农产品新营销模式之外,还有很多新营销模式不断在兴起,需要根据当地发展状况去发掘探索。未来,农产品电子商务营销策划势必将会以结合互联网、市场需求衍生出更多的新模式。

三、11种典型农产品电子商务模式案例[①]

（一）浙江遂昌模式

2012年全县电商交易1.5亿元，2013年1月淘宝网遂昌馆上线，2014年赶街项目启动，全面激活农村电商。遂昌初步形成以农特产品为特色、多品类协同发展、城乡互动的县域电子商务"遂昌现象"。在初期的"遂昌现象"之后，遂昌探索的步伐并未停止，逐渐提升为"遂昌模式"，即以本地化电子商务综合服务商作为驱动，带动县域电子商务生态发展，促进地方传统产业特别是农产品加工业，"电子商务综合服务商＋网商＋传统产业"相互作用，形成信息时代的县域经济发展道路。紧跟着，遂昌"赶街"项目的推出，推开了农村电商的破局序幕，赶街的意义在于：打通信息化在农村的"最后一公里"，让农村人享受和城市一样的网购便利与品质生活，让城市人吃上农村放心的农产品，实现城乡一体。

启示：多产品协同上线，以协会打通产业环节，政府政策扶持到位，借助与阿里巴巴的战略合作，依靠服务商与平台、网商、传统产业、政府的有效互动，构建了新型的电子商务生态，可以助力县域电商腾飞。

（二）浙江临安模式

浙江临安立足自己的优势产品——坚果炒货，背靠紧贴杭州之一优越的区位优势，大力推进县域电商的发展。2013年临安各类优质生态农产品产量25万吨，总产值51.5亿元，农产品电商销售突破10亿元。临安积极开展城乡村企联动，其中农产品电商示范村7个，500万以上的38家电商企业销售总额达到5.65亿元，形成"两园多点"，临安市电子商务产业园、龙岗坚果炒货食品园（城）、多个农产品基地（村）。

启示：线上线下相互配合齐头并进，"一带一馆＋微临安"，阿里巴巴临安市坚果炒货产业带（"天猫"平台）成为中国坚果炒货网上批发第一平台，"淘宝·特色中国-临安馆"，集旅游、传媒、娱乐、生活、服务于一体的具有临安本土情怀的微信平台——微临安。

（三）浙江丽水模式

县域电商某种程度上就是一个栽梧桐的过程，有梧桐才能有凤凰，丽水的梧桐工程就是全力打造区域电商服务中心，帮助电商企业做好配套服务，让电商企业顺利孵化成长壮大，这是丽水农村电商的最大特点。电子商务服务中心具备主体（政府部门、企业、个人）培育、孵化支撑、平台建设、营销推广四大功能，承担了"政府、网商、供应商、平台"等参与各方的资源及需求转化，促进区域电商生态健康发展。

启示：丽水的建设模式为"政府投入、企业运营、公益为主、市场为辅"，要把政府服务与市场效率有效结合，吸引大量人才和电商主体回流。

（四）浙江桐庐模式

桐庐是杭州辖下的一个县，距离杭州市区只有80公里，是浙西地区经济实力第一强

[①] 农村电商发展的11种模式[EB/OL].[2018-06-07]. https://m.sohu.com/a/234523684_739637/?pvid=00015_3w_a.

县,中国著名的物流之乡、制笔之乡,独特的区位优势为桐庐发展电商提供很好的支撑,2014年10月,阿里巴巴首个农村电商试点选择落户桐庐,为桐庐营造了良好的发展电商的行业氛围。

启示:桐庐具有良好的产业基础、电商发展态势,特别是物流方面,有村级单位物流全通的先天优势,也有良好的社会环境以及政府部门的政策支持,为电商的发展提供良好环境基础。

(五)河北清河模式

在河北清河"电商"成了最具特色的商业群体,清河也成了全国最大的羊绒制品网络销售基地。全县淘宝天猫店铺超过2万家,年销售15亿元,羊绒纱线销售占淘宝7成以上,成为名副其实的淘宝县。而在之前的传统产业时代,河北清河羊绒产业在竞争中近乎一败涂地,2007年开始在淘宝卖羊绒意外成功,随即引发不可收拾的结果,在基础设施建设方面,该县不断加大力度,目前电子商务产业园、物流产业聚集区以及仓储中心等一大批电子商务产业聚集服务平台正在建设之中,清河正在实现由"淘宝村"向"淘宝县"的转型提升。

启示:在暴发中顺势而为,一是"协会+监管+检测",维护正常市场秩序;二是"乳化中心+电商园区",培训提高,转型升级,全线出击,建成新百丰羊绒(电子)交易中心,吸引国内近200家企业进行羊绒电子交易;三是建立B2C模式的"清河羊绒网"、O2O模式的"百绒汇"网,100多家商户在上面设立了网上店铺;四是实施品牌战略,12个品牌获中国服装成长型品牌,8个品牌获得河北省著名商标,24家羊绒企业跻身"中国羊绒行业百强"。

(六)山东博兴模式

当2013年全国只有20个淘宝村的时候,山东博兴一县就有两个淘宝村,这是耐人寻味的现象,2013年两个村电商交易4.17亿元,一个做草编,一个做土布,博兴县将传统艺术与实体经营和电子商务销售平台对接,让草柳编、老粗布等特色富民产业插上互联网翅膀,实现了农民淘宝网上二次创业。作为全国草柳编工艺品出口基地,博兴淘宝村的形成可谓自然长成,不仅货源充足,而且质量和口碑一直不错,电商门槛和成本都不高,更是易学和易模仿。淘宝村的成功,进一步推动了本县传统企业的网上转型,目前全县拥有3000多家电商,从业人员超过2万人,80%的工业企业开展了网上贸易。

启示:一是传统外贸的及时转型,二是要发挥人才的关键作用,三是产业园区与线上的结合,四是政府的及时引导与提升。

(七)浙江海宁模式

海宁是全国有名的皮草城,也一直追随网络的步伐推动电商发展,到2012年底海宁网商已经超过10000家,新增就业岗位40000余个,网络年销量破百亿大关。目前全市从事电子商务相关企业共有1500余家,网商达2万家以上,注册天猫店铺780家、占嘉兴市天猫店铺总数的40%以上,2012年上半年,全市实现网络零售额51.98亿元,同比增长11%以上,成功创建"浙江省首批电子商务示范市"和"浙江省电子商务创新样本",位列"2013年中国电子商务发展百佳县"榜单第3位。

启示:以电商推动转型升级,一是引进人才,转换思维(过度投资后的反思);二是对接平台,整体出击(稳固国内,加强跨境);三是加强监管,保护品牌;四是园区承载,强化服务(六大园区先后投建);五是管理提升,升级企业(现代企业为主体)。

(八)甘肃成县模式

原甘肃省成县县委书记在当地核桃上市前,通过个人微博大力宣传成县核桃,"今年核桃长势很好,欢迎大家来成县吃核桃,我也用微博卖核桃,上海等大城市的人都已开始预订,买点我们成县的核桃吧",该条微博被网友转评2000余次。从建立农产品电子商务,到微博联系核桃卖家,甚至展示成县核桃的多种吃法,在之后的日子里,该县委书记的微博内容没有一天不提到核桃,被网友戏称为"核桃书记"。在该县委书记的带动下,全县干部开微博,还是卖核桃,成立电商协会,还是卖核桃,夏季卖的是鲜核桃,冬季卖的是干核桃。目前成县正在上线核桃加工品,以核桃为单品突破,打通整条电商产业链,再逐次推动其他农产品电商。

启示:一是将电商作为一把手工程,主导电商开局;二是集中打造一个产品,由点到面;三是集中全县人力物力,全力突破。

(九)吉林通榆模式

吉林省通榆县是典型的农业大县,农产品丰富,但受限于人才、物流等种种因素。通榆政府根据自身情况积极"引进外援",与杭州常春藤实业有限公司开展系统性合作,为通榆农产品量身打造"三千禾"品牌,同时配套建立电商公司、绿色食品园区、线下展销店等,初期与网上超市"1号店"签订原产地直销战略合作协议,通过"1号店"等优质电商渠道销售到全国各地,后期开展全网营销,借助电子商务全面实施"原产地直销"计划,把本地农产品销往全国。值得一提的是,为解决消费者对农产品的疑虑,通榆县委书记和县长联名写了一封面向全国消费者的信——"致淘宝网民的一封公开信",挂在淘宝聚划算的首页,这一诚恳亲民的做法赢得了网友的一致称赞,很大程度上提升了消费者对于通榆农产品的信任感。

启示:政府整合当地农产品资源,系统性委托给具有实力的大企业进行包装、营销和线上运营,地方政府、农户、电商企业、消费者及平台共同创造并分享价值,既满足了各方的价值需求,同时带动了县域经济的发展。

(十)陕西武功模式

陕西省武功县是传统农业县,农产品"买难、卖难"问题一直困扰着农村经济的发展。为破解这一难题,武功县政府积极发展电子商务,探索"买西北、卖全国"的模式,立足武功,联动陕西,辐射西北,面向丝绸之路经济带,将武功打造成为陕西农产品电子商务人才培训地、农产品电子商务企业聚集地、农产品物流集散地。武功县目前已经成为陕西省电商示范县,先后吸引西域美农、赶集网等20多家电商企业入驻发展,300多个网店相继上线,全县电商日成交量超万单,日交易额达100多万元,10余家快递公司先后落地,农村电商试点在14个村全面启动,让电子商务真正走进农村、惠及百姓。

启示:一套领导机构,两个协会统筹协调,把握运营中心、物流体系、扶持机制三个关键,搭建电商孵化中心、产品检测中心、数据保障中心、农产品健康指导实验室四大平台,免费注册、免费提供办公场所、免费提供货源信息及个体网店免费上传产品、免费培训人员、在县城免费提供 Wifi 等"五免"政策。

(十一)江苏沙集模式

江苏省沙集镇的村民过去大多从事传统的种植、养殖和粉丝的生产加工,曾有一段时间,回收废旧塑料甚至成为村民们赚钱的主要营生。2006年年末,苏北睢宁县沙集镇当时24岁的孙寒在好友夏凯、陈雷的帮助下,尝试在淘宝网上开店创业,后试销简易拼装家具获得成功,引得乡亲们纷纷仿效。随着电子商务在本地的快速发展,不产木材的沙集镇,居然形成了规模可观的家具加工制造业,品类齐全、各式各样的家具在这里几乎都制作。

启示:沙集的转型与提升,一是从单打独斗到集团作战,个体为主向企业为主转型;二是看到抄袭有代价,逐渐开始建立自主品牌;三是产业链空间大,家具带动配套产业发展,四是由村到镇再到园区,产业模式不断升级,五是竞争没有尽头,无奈向现代企业家转型。

四、新型农产品电子商务案例

(一)全产业链模式——沱沱工社①

1.沱沱工社的运营模式

沱沱工社初期选择生鲜O2O电商的理想化运营模式——贯穿全产业链模式。全产业链模式要求企业上游渗透到基地,中间控制物流,末端抓住用户群。全产业链模式从源头上需要自营农场,这在集中生产和管理上可以极大程度保障产品质量与食品安全,统一生产管理也会降低生鲜的基础成本。在物流方面,集中配送,统一调配使得生鲜在运输过程中尽可能少地周转,大大降低生鲜品的损耗,保障产品品质,提升配送效率,将购物体验尽可能做得更好。在消费终端,企业可以通过消费者的信息反馈,迅速指导农场生产方向和品类,减少不必要的投资风险。

同时,为了让消费者能够真切地体验到产品,沱沱工社全产业链模式也可以开展线下试吃、免费品尝、参观农基地等活动,打消了消费者对产品品质和初期试销的顾虑。这种和消费者的互动行为能最大化地黏住忠实用户。

2.沱沱工社的运营范围

沱沱工社网站见图2-3。从沱沱工社自身定位来讲,有机蔬果、肉类禽蛋依然是其主打产品。

图2-3 沱沱工社电子商务网站

---

① 刘欢.打造生鲜O2O平台:沱沱工社是怎样炼成的?[EB/OL].[2015-03-25]. http://m.linkshop.com/news/show.aspx?id=320639.

3.沱沱工社配送体系

沱沱工社在北京和上海都建有仓储。目前有两种主流配送方式:一种是沱沱工社自营配送,另一种是委托顺丰速运、圆通速递、宅急送等第三方物流公司。为了保证物流配送的安全与品质,沱沱工社投入大量资金,构建了自己的冷链配送体系。沱沱工社采用冷藏专车进行配送,并配合各种冷藏保鲜器具,确保最后一公里物流配送的食品安全。自营配送在压缩成本,提高服务质量等方面有着不可比拟的优势。自营冷链甚至可以集中配送生鲜产品直达用户,有效减少中转环节,减少产品损耗。自营配送,消费者也可以选择更为精准的配送时间,但是,这种精确的要求对沱沱工社的物流提出了更高的挑战。目前,沱沱工社自营配送仅限于北京市区。

4.沱沱工社的商品来源

目前,沱沱工社的产品分为自产和采购两部分。自产商品主要来自沱沱有机农场,采购主要针对一些品牌供应商。但无论是自产还是外采,沱沱工社都会有严格的产品检测。沱沱工社的自产产品在品控等多方面有着天然优势,更重要的是沱沱工社能够主动掌握产品定价权,便于打造核心竞争力的商品,利于产品标准化生产、经营和管理。另外,沱沱工社通过企业后台数据分析,能准确抓住消费者的需求,供给市场所需,这往往能够填补盲目生产带来的不利影响。

不断爆发的食品安全问题,让中国的消费者对于安全食品的需求越来越大,线上商品的信息开放和可追踪性,让产品的安全有了足够保障,这也是生鲜O2O模式的优势之一。

生鲜商品的上游极其关键,拥有好的商品,然后经过自营配送,可以将商品损耗降至最低,同时相信用户体验也是很不错的。也许这就是与沱沱工社模式类似的生鲜O2O平台最初的预想。据了解,沱沱工社出巨资在平谷区马昌营镇投资建设了1050亩有机种植基地——沱沱有机农场。

沱沱有机农场为了让消费者能够真切地体验到产品,会组织各种线下采摘、种植、试吃、参观活动,与消费者进行各种线下互动。与此同时,在消费终端,用户和市场的第一信息反馈可以及时指导农场调整种植计划,将投资风险降到最低,为沱沱农场在其产品定价上掌握更多的主动权。近年来,政府对有机农业也开始在政策上进行扶植,这些都有利于行业发展。但是自有农场在沱沱工社今后发展推广过程中必然会面临诸多困难,其"重"模式更是需要强大的资金基础为前提。

5.沱沱工社的销售渠道

沱沱工社拥有自己的官方销售平台渠道,消费者可以在此平台完成采购、支付。与此同时,沱沱工社还进驻了天猫、京东等第三方有机频道。目前沱沱工社还是以自营平台客户为主,进驻第三方平台的主要目的是为了扩大知名度和渠道占位,也就是说其广告意义要大于销售意义。

(二)电子商务服务中心分级与城乡产品互动模式——"赶场小站"[①]

"赶场小站"(见图2-4)是由四川网贸港科技有限公司提出并组建的。四川网贸港科技有限公司是一家集电子商务代运营、电子商务人才培训、中小企业产品网上销售方案制订、智能仓储、智能物流等业务于一体的综合型服务公司。成立之初便为仁寿县线下企业、农村合作社打造适合产品本身的线上营销策划、产品拍摄、智能仓储物流等方案,带动了仁寿县企业电

---

① 农产品电子商务典型模式分析[EB/OL].[2015-11-13]. http://m.zhazhi.com/lunwen/jjkx/dzswlw/107019.html.

子商务的发展,并充分借助"阿里巴巴""京东""一号店"等第三方电子商务平台进行产品的销售和推广。在这样的背景下,四川网贸港科技有限公司提出"赶场小站"的概念,创新了仁寿县农产品电子商务平台,加速了仁寿县新农村建设。

图2-4 赶场小站电子商务网站

1.农产品电子商务服务中心分级

仁寿县电子商务服务中心分为县、镇(乡)和村三个等级。县级电子商务服务中心是作为四川网贸港电子商务的基地和中心角色存在,包含了电子商务产品的仓储物流基地和IBM大数据云计算中心。前者统筹协调线上产品的镇村"最后一公里"的配送,后者通过大数据与云计算的结合。一方面可有效把握当前商品的销售状况,包括宏观的销售地域、销售时间以及销售群体,对农产品的生产、加工、物流等前期工作做出定向指导。另一方面县级赶场小站是农产品形象包装推广服务中心,相对于镇、村电子商务服务中心,县级服务中心所融入的市场环境较为丰富。截止到2014年仁寿县人口达160万,人口密度为614人/km²,较高的人口密度实现了农产品目标受众的分层,并且县域顾客逐步剥离了单纯对物质的要求,县域电子商务服务中心开展农产品形象包装推广如鱼得水。乡(镇)级电子商务服务中心,其功能主要集中在农产品"最后一公里"物流、便民服务信息的收集以及农村电子商务的推广与应用等方面。作用基点在于协调县级电子商务服务中心与村级电子商务服务中心,向上辅助县级电子商务服务中心实现农产品的"最后一公里"物流配送,同时作为县级电子商务服务中心的下设机构进一步加强农村电子商务的普及和宣传;向下梳理村级电子商务服务中心,收集目标顾客与农产品信息,实现信息的上流传递。村级电子商务服务中心,其作用包括对"下流产品"的配送与农村电子商务的实地宣传,和对"上流"农产品的收集分拣,相当于小型的农产品集货中心,是农产品进城做"上流运动"的起点。截止到2015年4月份,仁寿县已完成覆盖13个乡镇和57个行政村共计70个电商服务站的布点建设,"赶场小站"平台的销售总额也突破100万元。根据其行动计划,到2015年年底将完成15个区域物流配送中心、30个镇乡服务站和300个村级服务点建设,电商服务站的丰富和发展,让农产品的"网化"服务更加便捷,同时也提供了一条实体商品与虚拟服务结合的有效途径。

2.城乡产品双向互动流通

仁寿县在农产品的流动过程中嵌入了虚拟互联网,"赶场小站"则充当了互联网的物化载体。首先村级"赶场小站"释放农产品收集信息,明确农产品标准,并通过互联网技术建立农产品的质量认证和追溯体系,实现了线上商品的"八统一",即统一供货、统一溯源、统一品牌、统一标识、统一包装、统一仓储、统一运营、统一宣传,实现农户农产品的标准化上线。城市消费者可以通过"赶场小站"直接进行线上下订单、支付,通过县级物流配送中心、乡镇区域配送中心和村级配送中心实现产品的"最后一公里"配送,消费者在产品配送后可进行签收和评价,对于不符合标准的农产品,消费者可线上申请退货,在通过审核后最终实现物流退货。同时,"赶场小站"通过各级服务站的本土资源和信息搜集,对全省各州市的名优土特产品、农副产品进行整合,成立"赶场小站"专业合作社,实现土特产品体系的标准化,满足各级消费者的消费需求。"赶场小站"与京东、苏宁易购、阿里巴巴等大型电商平台建立合作关系,并且京东提供了物流、网上特色产品以及产品的标准化等支持服务,并顺利突破信息与物流障碍,在保障"农产品上流"进入城市消费者之外,也提升了城市"工业品下流"功能,实现工业品的"最后一公里"配送。"赶场小站"模式下,城市工业品通过四川网贸港科技有限公司下的电子商务综合服务平台,同时依托 IBM 提供的大数据支持,进行工业品的分级定位,并充分运用村级"赶场小站"的亲民优势,实现农民对城市工业品的线上挑选购买,并通过村级电子商务便民服务站实现产品的配送。在"农产品进城"与"工业品下乡"的过程中,在电子商务虚拟载体的参与下,实现商流、物流、现金流以及信息流的同步运转。

新兴独角兽企业如何玩转农产品供应链[①]

据有关消息人士 2018 年 1 月 11 日透露,国内最大的农产品移动电商平台美菜网已通过新一轮融资募集到 4.5 亿美元资金,本轮融资对美菜网的估值达到约 28 亿美元,已然成为行业的新兴独角兽。作为一家成立 4 年不到的时间企业,它是如何做到,实现野蛮生长的呢?

据悉,美菜网的本轮融资由老虎环球基金和华人文化产业投资基金共同牵头,该公司原投资人元生资本也参与了本轮融资。美菜网及公司投资人专门举行了封闭式的庆祝会。截至目前,美菜首席执行官刘传军对融资一事未予置评。

创办至今,美菜网正在以惊人的发展速度在全国扩张。据了解,此前美菜网已经经历了 5 轮融资。其中,在 2016 年 2 月的 D 轮融资中,美菜网获投 2 亿美元。创办至今,不加入最新一轮的融资,美菜网累计融资金额已超人民币 30 亿元。目前,美菜已覆盖全国近 50 个城市,拥有 15000 名员工。

在 2017 年 12 月 13 日"2017 中国产业互联与数字经济大会峰会"上,中国产业互联网发展联盟发布了"2017 年中国产业互联网 TOP100 榜单",美菜网成功入选 TOP100。

据了解,2014 年 6 月 6 日,北京云杉世界信息技术有限公司旗下的美菜网成立。作为中国最大的农产品移动电商平台,美菜网一直致力于用前卫的理念和先进的科技改变落后的中国农业市场,专注为全国近千万家餐厅和蔬菜店铺,提供一站式、全品类、全程无忧的餐饮原材料采购服务,让天下的餐厅没有难做的生意。

公司的核心业务是通过全程精细化管控采购、仓储、物流、商品品控、售后等各个环节,为中小餐厅提供食材采购服务,并通过这些需求撬动现有的农产品供应链,整合仓储、物流资源,

---

[①] 获 4.5 亿美元融资,这家新兴独角兽企业如何玩转农产品供应链?[EB/OL].[2018-01-12]. http://m.sohu.com/a/216263316_272644.

走向产地对接蔬菜、肉、蛋、米面粮油、酒水饮料、调味品等生产商及农业基地。

美菜网"两端一链一平台"的商业模式缩短了农产品流通环节,降低商户供应链成本,减少供应链人力。全流程精细化管控菜品从田间到餐桌的每一处细节。同时提高农民收入,减少压货风险,降低农民损失,促进资源合理分配。

农产品供给体系:从传统到现代

一、传统农产品流通体系的问题

中国农业的传统格局中,农产品的生产和消费两端的主体分布都极为分散,本来交易成本已经极高,加之中国食品消费方式和西方相比,更为多元和个性化,对食材的某些特征和品质的要求要比西餐食材复杂得多,客观上增加了SKU,使得中国餐饮食材的B2B服务市场交易成本较高。

由于上述的中国农产品生产消费原有结构存在的固有问题,批发市场体系不得不牺牲一定的效率,客观上造成了较高的成本。这些成本主要包括:原产地品控缺失、物流损耗、交易链条长、价格波动风险等,具体表现为产品品质参差不齐、品类规格单一、难以标准化、食品安全缺乏保障、多次分拣浪费、流通加价较高、市场价格波动大以及结构性过剩造成的农产品滞销。

二、如何改造传统流通体系

互联网信息技术可以为农业产销做更为精准的对接,及时准确地向生产端反映市场需求,帮助提升供给的质量效益和竞争力。互联网平台的集聚效应,还可放大单个农户和新型经营主体的规模效益,通过适度规模来分摊成本,提高效益。

产地分级包装、加工仓储、冷链物流等设施设备建设,可以有效保证产品的标准化,意味着更快的物流反应能力、更低的流通损耗、更可控、更有保证的产品品质,从根本上提升流通体系效率。

美菜网即通过"两端一链一平台"建设,全面打通农产品"采仓配销",压缩中间环节,从而推动农业供给侧改革,以规范农产品的标准化。

全流程管控:从采购、质检、称重、包装、配送到售后服务,实施有效的全流程质量管理,源头直采,搭建物流网络体系,提升供应链管理水平和效率。

此前,美菜网创始人兼CEO在接受记者采访时表示,美菜在创业初期的时候,曾进行过两个市场的尝试,一个是菜市场,一个是餐厅。通过研究分析:餐厅主要通过购买生鲜食材,加工成高附加值的商品为消费者提供餐饮服务,后期的毛利高达60%以上。而菜市场恰恰相反,采购来的菜需要高品质地呈现给消费客户,但是只有很低的附加值。所以美菜认为,餐厅更符合美菜的受众定位,通过自建物流体系,源头直采一站式对接餐厅。B2B平台对受众选择一定要符合公司的战略和业务,才能找准双方最佳利益点,例如美菜主打"新鲜低价",就正迎合了餐厅对菜品的需求。

源头直采可以保证菜品"新鲜、低价"。美菜将源头直采看成是田间到餐厅的直通车,因为取消了中间环节,从而大大缩短了生鲜食材采摘后送到餐厅的时间。这不仅最大程度地保留了菜品的新鲜度,还避免了多梯次批发层层加价,从而保证菜品低价。

新鲜是保证菜品的品质,有三个优势:一个是短流通,菜品品质一定会随着时间而流失,所以流通环节一定要短;二是短操作,如果对菜品的触摸和操作越少,菜品的品质会越好;三是冷链物流,美菜物流配送采用自建冷链体系,8~10个小时就能完成从田间到餐厅的流通。

美菜网的核心业务是为中小餐厅提供价格更优惠、品质更高更新鲜的生鲜农产品,通过源头直采,砍掉层层抽成的中间商,冷链物流一站式对接餐厅,价格比起传统采购来说自然降低了许多。这对于本小利薄的中小餐饮公司来说,可以帮助他们降低占其总成本中超过三分之一的采购成本和运营成本,从而提升了盈利空间。

发展之初,在占据很大成本的物流配送环节,美菜网采取社会化方式招募司机和车辆,按照配送里程和客户量付费,节约了自建物流成本,赢取了市场先机。

在物流团队的管理方面,美菜网采用军事化管理方式,严格组织工作规程,用严密的科层制管理制度与激励制度来保证服务质量。

随着公司发展,美菜网也没有停下自建物流配送体系的角度,特别是将加快布局生鲜行业的最大痛点——冷链物流体系,投资冷链车,改造冷链仓储设备,加速建设无缝一体化的冷链物流体系。这种模式虽然较重,但同时也提高了行业壁垒,对竞争对手的进入形成了相当大的压力。同时,美菜网还将通过专业化的管理体系和规模化的成本分摊来降低成本,形成一定的行业垄断优势。

在信息化方面,美菜网自主研发并全面推广使用的WMS 2.0仓储管理系统和TWS物流管理系统,对仓储物流进行全流程信息化监测管理,有效提升现场作业的效率,一方面减少人工成本,一方面减少了人为错漏,还为平台沉淀了大量的交易、仓储物流数据。

自建产品标准体系和品牌,为供货商提供金融服务

自有品牌可以帮助平台获得更为稳定的品牌溢价,国外大型食材供应商都在自有品牌线上获益良多。美菜网建立了自有品牌的开发流程,并针对每一个品类制订详细的开发计划,从内部实现自有品牌开发精细化。

在原有的批发市场物流体系中,产品要经过多次的搬运、分拣和包装、再包装过程,造成巨大损耗,也难以贴合消费场景的多元性需求。为此,美菜网推出包装前置计划,直接根据需求场景和流通规范来定制初始产地包装形式。

由于我国目前农业基础薄弱,生产经营主体的发展壮大尚未完成,不少农产品供应商都面临短期资金短缺、缺乏抵押品难以获得贷款的信贷配给问题。为此,美菜网推出供应链金融产品"美供贷",为美菜网的供货商提供周转资金贷款,利息比市场上供应链金融的平均利息略低。

精准扶贫的践行者,演绎农产品的速度与激情

美菜的脱贫主义,是美菜网建立的扶贫理论及实践体系。它通过农产品上行,以产业化的模式,解决农民卖菜难的问题;它创立信息化平台,解决农商之间的信息不对称的问题;它自建仓储、物流体系,解决农产品流通高损耗、低效能的问题;它通过需求侧对食品要求的升级、城市新零售的升级,解决订单农业、品质农产品、食品安全的问题;它以精准的行动,解决农产品供应链上农村儿童和留守儿童的教育问题、情感问题。

在12月3日至5日,第四届世界互联网大会乌镇峰会上,美菜网创始人兼CEO表示,美菜网不但实施了扶贫菜助销计划,还计划进一步下沉供应链,大力拓展农产品源头布局,在农村建设农产品基地,并重点向贫困地区倾斜。为贫困地区打造更为畅通的农产品流通体系,将流通这汪活水注入贫困地区,让贫困地区的资源真正流动起来,实现真脱贫。

在会上刘传军还说道:"流通,是实现精准扶贫的必由之路。由于贫困地区基础设施弱、信息闭塞,农产品常常是种得出、运不走、没销路、卖不掉。因此,构建畅通的农产品流通体系,促进农产品上行,是实现"脱真贫、真脱贫"的关键要素之一。"

对于未来,美菜会坚定不移地走下去,不断提供"新鲜低价"的产品服务餐厅;同时不断地累积规模,不断渗透,把美菜的基地遍布全中国。农业的变革只有一种可能,就是有一家公司可以累积足够的农产品规模,而且足够稳定。

目前,美菜已经和海外市场洽谈合作,几年下来将会累积可观的规模来保证它的竞争力。美菜坚信可以改变传统农业的落后面貌,为农业现代化的发展献上一份力!

第三章　农产品网店的开设

第一节　农产品网店开设前的准备

一、选好交易平台

1. 农产品电商分类

目前涉及农产品网购的电商可以细分为以下四类。

(1) 综合型电商。

以淘宝、天猫、京东商城、1号店、亚马逊等为代表,这类电商目的是做全品类,生鲜是其全品类战略中必然会涉及的,做生鲜短期内不一定盈利,但为增加消费黏性不得不做。其模式主要是吸引各个生鲜厂家入驻自己的平台,并由入驻厂家自行负责冷链配送,只负责监管,生鲜配送对其来说属于战略性亏损的品类。

(2) 垂直电商。

这类电商主要包括中粮我买网、沱沱工社、优菜网、本来生活网、优果网、易果网等,它们是专门从事食品网络零售的垂直网站,以生鲜产品为主打,配有自己的冷链配送服务,这类生鲜电商打造的是"不是卖商品,卖的是生活品质",保证生鲜食品优质、高端。但由于成本等各项考虑,只在某一个或几个城市运营,具有明显的区域特征。

(3) 物流企业。

2012年5月顺丰优选正式上线运营,作为物流企业,它依托自身强大的物流体系优势,发展生鲜电商。想要做平台必须拥有足够的用户数,以顺丰优选现在的用户数量,根本无力和淘宝、京东竞争,此类企业发展生鲜电商实则是为自己未来的冷链物流体系建设进行铺路。

(4) 线下超市。

线下超市依托自己的线下体系优势发展线上生鲜服务,对这类企业而言,网上只是宣传路径而已,它利用门店辐射范围进行配送,减少了成本,缩短了配送周期,但大部分业务仍在线下。

2. 适合初创者的交易平台

要在哪里去卖？寻找适合的农产品交易平台非常重要。通常来说,农产品销售平台主要有下列几种。

(1) 选择大型的零售网站销售。

例如,国内著名的淘宝网、拍拍网、慧聪网等,这些网站现在门槛都是免费的,只要了解基本的电脑应用知识,拍摄好自己的农副产品,传到网店就可以开始网上经营,非常方便。

(2) 自建网站销售。

目前有不少公司如中国企业网、中贸网等,他们可以为公司客户提供建设网站的服务,诸如域名注册、建立企业邮箱、注册各大搜索引擎、制作网页等,这些成套服务对于那些没有自己独立网站的企业无疑是很便利的。

(3) 通过搜索引擎推广销售。

建立自己的独立销售网站以后,也可以通过百度和谷歌等搜索引擎进行网络推广,其效果相对明显。

(4) 地方政府的专门农副产品网站。

现在各个地方政府都非常重视农副产品的网络销售,很多地方政府都建立了农副产品的专业网站,比如浙江省的"农村富民网"等。由于是政府推动,而且是公益性的,不但投入小,并且收益也可观。

(5) 专业的农副产品行业网站。

现在中国电子商业网站中有很多优秀的行业网站,类似像"中国惠农网"这些真正帮助农民网络销售的好站点应多浏览以便掌握农副产品信息,如最新价格走向、市场趋势等。

(6) 综合类 B2B 网站。

如果某些企业做小额批发业务,选择阿里巴巴等大型的 B2B 网站也是非常不错的,而且现在的阿里巴巴正在推广在线的小额批发业务,在店铺的开设方面有着相应优惠政策。

(7) 博客、社区、论坛、IM。

通过博客营销、社区营销、论坛营销同样能做好农副产品的在线销售,此类销售方式是基本免费的,如果利用得好也可以取得立竿见影的效果。

二、选择适合的农产品品种

当前农产品电子商务的市场竞争异常激烈,选择适合电子商务的农产品类型尤其重要。在不考虑生鲜电商的不同模式的前提下,从生鲜产品的利润和电商的难易度两个属性对产品进行划分,利用二维四象限图,如图 3-1 所示,将适合电子商务的农产品分为以下 4 类,可供

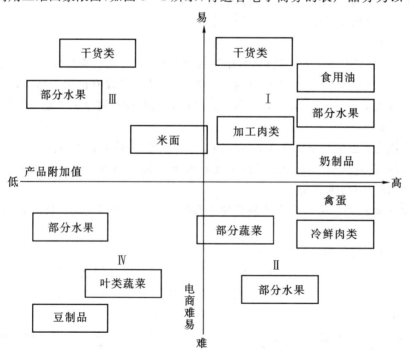

图 3-1 适合电商的农产品二维四象限图

电子商务创办者参考。

（一）第一象限：高附加值且易于做电子商务的产品

这类产品应该作为主打产品和主要盈利来源。根据日常经验而，一些高端干货、食用油、水果、牛奶和一些加工后易储存和运输的肉类，这些产品附加值比较高，并且比较容易储存和配送。如农人网主打干货、茶叶和一些容易储存配送的水果，和乐康主打美国进口有机牛奶，还有很多鲜果类的电商，其主要盈利产品也都是那些附加值高易配送且品质有保障的水果。

这个象限的产品竞争激烈，为保障和加强竞争优势，以下一些做法可以参考。和乐康与其主打产品美国有机谷有机牛奶签订总代理协议，从渠道上保证优势；农人网不做自己的品牌，而是让每个农人突出自己的故事，把自己定位在建立人与食物亲密关系的平台；本来生活在产品选购上下足工夫，推超级买手制，褚时健的褚橙让其名声大震。

（二）第二象限：高附加值但不太易于做电子商务的产品

此类产品应通过各种创新让其更易于进行电子商务。这个象限的产品主要有：禽蛋类、冷鲜肉类、水产品类和部分蔬菜水果。这些产品主要是不太易于储存和配送，还有这类产品便于标准化，不易通过网络展示其商品特性。但是可以通过创新来改变，比如可以进行预售，这样就可以减少中间仓储时间和成本（淘宝已经开始推出预售服务）；也可通过包装进行改进，主要是如何进行冷链配送，还有就是如何防止碰撞，可以与做得较好的冷链配送商合作；"CSA"即"社区支持农业"的模式也可以改善这一点，这样可以让农产品与消费者更接近。

（三）第三象限：附加值低但易于做电子商务的产品

此类产品比较适合做微利多量（扩展市场份额，扩大用户数），或者提升某些产品的附加值，让其更多到第一象限。此类产品如一些干货类、米面（米面主要是物流成本高）、根茎类蔬菜和一些水果。

（四）第四象限：低附加值且不易做电子商务的产品

此类产品主要是一些叶菜类蔬菜、豆制品、水产品。这些产品一般不易做电子商务，除了以下几种情况。

(1) 附加值高一点的有机蔬菜且能够与其他产品一起配送（单次仅配送有机蔬菜相对成本过高）。

(2) 豆制品不易储存并且附加值低，可作为搭配销售。

(3) 预售或者是定期配送模式。

三、软硬件准备

（一）硬件准备

要开一个网上商店，基本的硬件配置一定要准备齐全。包括：一台能够上网的电脑，一台数码相机，一部能够用于通信的手机或者电话。其他可以选择配置的硬件有扫描仪、传真机、打印机、激光多功能一体机等。

（二）软件准备

在网上经营商店，要求对电脑和网络有一定的了解，虽然不需要熟练和精通，但至少懂得一些软件的基本应用。

1. 电子邮件(E-mail)

电子邮件是现今网络时代中比较重要的一种沟通工具,分为收费邮箱和免费邮箱两种,绝大多数人都是使用免费邮箱。但是收费邮箱在储存空间、稳定性等各方面都比免费邮箱要好一些,因此在网上开店之前,最好选择收费邮箱。因为如果由于电子邮箱的问题而造成交易失败,损失的不仅是金钱,更重要的是损害了个人信用。

2. 即时通信软件

在电子商务发展之初,E-mail 是互联网上主流的通信交流工具,现在其地位已渐渐被即时通信软件(instant messenger,IM)所取代,如 QQ、微信等。这些软件大多是免费的,国内用得比较多的就是 QQ 或微信,淘宝网用户则以使用淘宝旺旺为主。

使用即时通信软件,最重要的是打字要熟练,否则,会给买家留下卖家态度不认真或不尊重客户的感觉,导致交易失败。

3. 图片处理软件

网上商品除了要有好的文字描述以外,另一个非常重要的部分就是要有精美的商品图片。在实体店铺中,买家通过触觉、嗅觉、味觉等途径来感受商品,而在网上,商品的表现只能通过视觉来完成,所以图片的选择、处理非常重要。掌握简单的图片处理技术,才能把拍摄到的实物照片更好地展现在买家面前。

电脑图像文件的格式有很多种,常见的有 BMP、JPG、GIF、TIF、PSD 等格式,如果图像文件的格式与要求不符,可能会导致图片上传不成功。数码相机的图片处理格式一般选择 JPG,很多网站都支持这种格式。比较常用的图形处理软件有 PhotoShop、Fireworks、Acdsee、微软的画图工具等,应该至少会操作其中一种图片处理软件,这样才能根据需要制作出效果令人满意的商品图片。

四、创建农产品企业网络品牌

各类电商平台已认识到农产品电商将非常有前景,欲将多年的积累化作先发优势;同时多种农产品在网络热销,如褚橙、柳桃、潘苹果已经成为健康时尚的代名词,农产品俨然成为继服装、图书、数码产品、家具产品之后的又一网购热销产品。在网络零售平台上,已有一定数量的知名农产品品牌,根据发展模式可分为两类:一类是传统农产品品牌的线上延伸,例如西域果园、吴裕泰、好想你等品牌;另一类是依托互联网建立起来的原创农产品品牌,例如壳壳果、三只松鼠、果真了得等品牌。但是,还有相当一部分农产品网商因品牌意识较低,所销售的农产品品牌知名度低甚至无品牌,处于无竞争力的被动状态。因此农产品企业网络品牌的创建非常有必要。

(一)品牌定位

品牌定位是指希望消费者感受、思考和感觉不同于竞争者的品牌方式。品牌定位要用策略性的语言使消费者选择本产品而建立具有竞争优势的理由,它为品牌创建提供了一份蓝图。电子商务农产品品牌定位要具体考虑品牌特征、消费者需求、目标消费群体等多种因素。面对食品安全的困局,网络消费者更加关注农产品的健康因素,因此农产品企业网络品牌在品牌定位的过程中更愿意将品牌特征与健康因素进行联系,这样不可避免地将造成品牌特征的雷同。农产品企业网络品牌应将品牌定位在健康因素的框架下进行细分,强调能够打动消费者内心的、独具特色的、与产品具有相关性的特征,强调与竞争对手的不同之处。例如,在传统的印象中,坚果从生产、加工、成品然后到消费者手中,需要经过几个月甚至更长的时间,壳壳果打破了人们的这一思维定式,品牌定位于"新鲜",倡导15天的新鲜理念。因此,将农产品企业网络品牌与消费者所熟悉的某一事物进行联系是品牌创建的必要条件。

为了创建具有竞争力的农产品企业网络品牌,必须将功能性需求与情感性需求结合起来,即同时需要满足网络消费者的物质利益与精神利益。因农产品具有一定的地域性,网络消费者购买农产品在一定程度上是为了满足其尝鲜、食用等功能性需求。农产品企业网络品牌可在更深层挖掘并满足消费者感情性需求,比如"励志"的褚橙、"事业发达"的甜柿、"难舍难分"的南瓜、"一举夺葵"的山葵干等农产品,在品牌定位时均注重满足情感性需求。

(二)农产品品牌创建要素的选择

农产品品牌要素是指那些用以识别和区分农产品品牌的标志性设计。对于农产品企业网络品牌主要包括:品牌名称、标识、店铺设计、广告和包装等。

1. 农产品品牌要素选择的原则

(1)独特性。

独特性是指在品牌要素的选择要与众不同,以便于品牌识别。网络农产品品牌要素选择要具有自己的特色,展现品牌特征以及个性化,更要避免模仿其他农产品品牌特征,同时给人耳目一新的感觉。对于原创的网络农产品品牌要素也可以注入地理标志、成语、卡通形象等要素。例如,淘宝网中坚果销量第一的品牌——三只松鼠,以卡通松鼠的形象为代表,为网络消费者带来一种亲切感,不仅可以展现产品特质,而且便于消费者记忆。

(2)含义性。

品牌要素的选择要具有一定的含义,便于引起消费者的丰富联想。农产品品牌要素要尽可能简单化,越简单越便于消费者记忆。农产品品牌的含义性可以选择那些富有视觉效果、具有语言想象力、充满乐趣的品牌要素来表示。

(3)转换性。

转换性是指品牌要素的选择要考虑其延伸性。首先,对于网络农产品品牌而言,在创建初期应专注于某一种特色农产品,但随着品牌知名度与产品销量的增加,在拓展产品种类之后,原先具有局限性的品牌要素必将受到制约。其次,互联网经济由于不受地域限制,在品牌要素设计的同时,必须考虑到跨区域、跨境贸易等问题。对后者的考虑,更加可以体现品牌创建战略。

2. 品牌要素的设计

农产品企业网络品牌要素设计主要包括标识、广告、包装等,在这些要素设计的过程中,要保持统一性,以达到营造一定的销售氛围、激发消费者购物的目的。品牌要素的设计重在突出品牌的特质,传达农产品的特征,提升品牌的感知质量。

在电子商务零售平台中,农产品品牌的标识多为字体型,颜色多为绿色或者黄色分别代表着健康和丰收。农产品品牌标识也可以选择图像型和综合型的标识,尤其是卡通形象,体现互联网特质且具有亲和力。广告可以展现在网店页面头部、首页广告栏、网络零售平台以及广告联盟的广告位上,设计要反映出销售卖点,例如销售石磨面粉的网络广告,可以将传统石磨生产面粉的过程以动态图片的形式展示出来,提升点击率。在产品的包装上,虽然包装所用材质主要为土黄色的传统纸箱,但可在包装的胶带、提示的贴纸上设计注入品牌要素。

(三)品牌传播与营销策略

1.品牌传播内容

在农产品企业网络品牌的创建期,其主要任务就是迅速提升品牌的网络知名度。品牌传播的内容要清楚简明,品牌只有清晰地进入消费者的头脑,才能够赢得消费者的芳心。传播内容可从三个方面进行策划:一是立足于农产品在食用、营养、新鲜、健康等专有特质;二是立足于互联网所特有的方便、快捷、娱乐等因素,突出相同的线下农产品在销售模式上的不同及创新之处;三是立足于消费者的观念,善于利用消费者已有的关于农产品的观念,使传播的新内容与消费者原有的观念发生融合。在传播内容的表达方式上,可借用广告创意中经常使用的"3B原则(美女、婴儿、动物)",使品牌更加亲近有趣地接触消费者。网络农产品品牌在传播内容上要保持持久一致,逐渐累积才可以提升品牌传播的有效力。

2.品牌传播与营销工具

电子商务中的农产品信息众多且庞杂,农产品企业可利用网络广告迅速提升品牌知名度,但这无疑会带来较高成本的营销费用。鉴于农产品具备口碑传播的特征,农产品企业网络品牌可针对以消费圈子、行业所形成的消费群体进行分类传播,使传播更有效率。在农产品企业网络品牌创建的初期,病毒式传播效应较明显。农产品企业网络品牌可选择一批具有敢于尝鲜的消费者作为传播目标对象,通过沟通工具引起目标对象的关注,设计具有激励性质的传播渠道,使目标对象积极参与到农产品的信息传播、品牌的创建中来。

在营销工具的选择上,善于利用微博、微信、社交网站、网络视频分享网站等新型营销工具,注重建立圈子及收集消费者评价,及时分享品牌及农产品的话题。所传播的内容不应仅仅局限于农产品推介,需要介绍更多的关于农产品食用的趣味分享、农产品品质优良识别知识以及产地信息等方面。农产品企业同时也要积极投入到社会的公益活动中,利用大众媒体、热点事件、焦点营销等渠道迅速提升品牌知名度。

第二节 农产品网店开设的基本流程

一、在淘宝网开店的流程

个人淘宝开店需要准备的资料:个人身份证正反面照片、本人手持身份证照片、手机号码、1000元商家信誉保证金、支付宝账号或网银账号。

企业淘宝开店需要准备的资料:营业执照副本、固话与联系电话、组织机构代码、企业对公银行账号、企业法定代表人身份证。

淘宝开店流程操作步骤如下:

(1)进入淘宝首页,登录淘宝会员账号,在右上方"卖家中心"在下拉条中选中"免费开店",见图3-2。

(2)新版的免费开店页面分为个人开店和企业开店。下面以个人开店为例进行讲解。

点击界面中"个人开店",见图3-3,阅读完开店须知后,进入"申请开店认证",核实支付宝实名认证与淘宝开店认证是否通过,如图3-4所示,淘宝开店认证为"未开始",因此点击"立即认证",见图3-5。

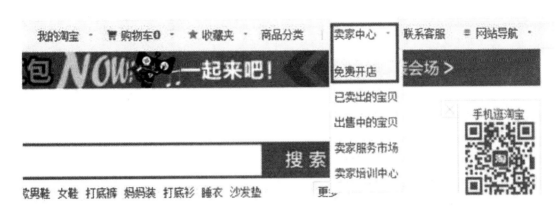

图 3-2 淘宝首页

图 3-3 开店页面

(3)新版的认证页面有手机认证和电脑认证两种。首先讲解一下手机认证。使用手机认证,首先用户应点击扫码安装,然后用手机二维码扫描软件或者微信扫一扫功能扫一下弹出的二维码下载阿里钱盾 APP,打开阿里钱盾并扫描二维码,最后在手机上按步骤填写身份资料信息即可完成。电脑认证与旧版相比并无太大区别,唯一要注意的就是拍手持身份证照片时,应做到五官可见、证件全部信息清晰可见、完全露出双手手臂。

免费开店

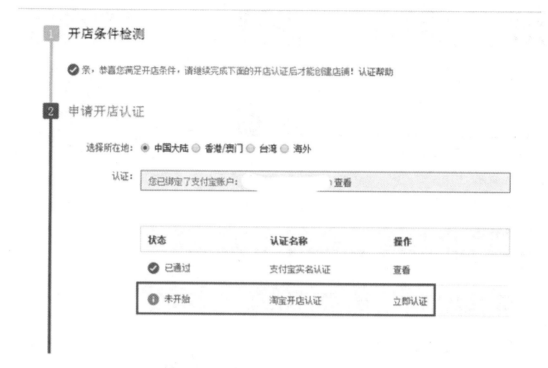

图 3-4　开店申请认证

图 3-5　开店立即认证

在认证界面中逐项填写姓名、身份证号码、身份证到期时间、上传手持身份证照片以及身份证正面、联系地址、手机,最后提交资料即可,见图 3-6。

提交认证信息后,淘宝网需要 1～3 天的审核时间,等待资料通过审核后,淘宝店铺就能成功开通了。

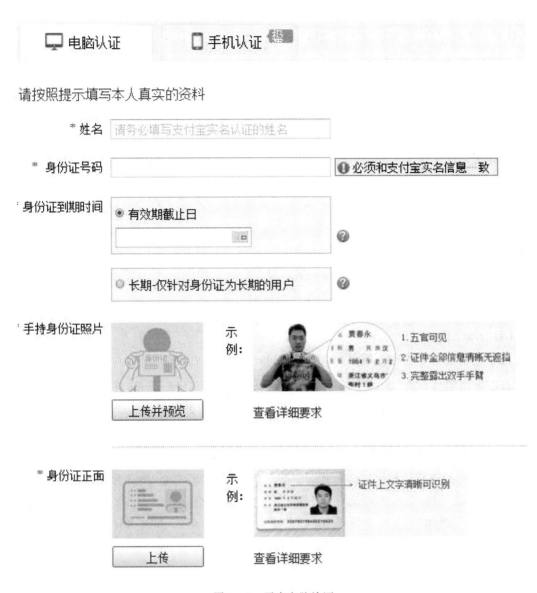

图 3-6 开店电脑认证

二、在天猫商城平台开店的流程

天猫商城平台商家入驻要求：中国大陆注册的企业，包括法人（公司）和合伙（合伙企业），持有相应的企业营业执照；入驻天猫的品牌必须在中国商标申请注册了文字商标，持有国家商标总局颁发的商标注册证或商标注册申请受理通知书（部分类目的进口商品除外）。

在天猫商城平台开店的流程如下：

（一）申请企业支付宝账号且通过商家认证

(1)天猫商城平台要求申请者提供一个全新的支付宝账号，不可绑定任何淘宝会员 ID。

(2)如果申请者已经拥有了一个经过商家认证的公司账号但不符合天猫支付宝的要求，申请者可重新申请一个账户后,无须再重复进行一次商家认证,只需将新申请的账号与原有的商家认证账号关联即可,商家认证账号关联在网页上有相关说明。

(二)登录在线申请页面

登录在线申请页面即天猫招商页面"http://zhaoshang.tmall.com",点击"立即入驻天猫",然后阅读天猫商家须知并参加天猫商城入驻考试。

(三)提交信息

(1)提交信息并线上签约:考试通过验证支付宝后,在线输入申请公司的信息,并在线签订天猫服务条款、服务协议及支付宝代扣协议。

(2)上传品牌标识:上传的品牌标识必须与商家在商标局备案的一致。

(四)等待审核

(1)邮寄企业资质及品牌资料等待天猫小二审核。申请者所提供的资料全部为复印件材料,均须由企业加盖公章,天猫概不退回,应自行留底。快递地址:浙江省杭州市西湖区文三路478号华星时代广场A座5F,天猫新签组收,邮编:310013。

(2)以天猫账号登录"我的淘宝→我是卖家→天猫服务专区",在15天内完成保证金、技术服务年费的冻结缴纳操作。逾期操作,本次申请将作废。

(五)发布商品、店铺上线

(1)以天猫账号登录"我的淘宝—我是卖家—天猫服务专区",点击"发布商品",根据页面提示,在30天内发布满规定数量商品。逾期操作,该次申请将作废。

(2)点击"下一步,店铺上线",店铺正式入驻天猫商城。

(六)天猫商城平台收费标准

(1)10万元的商家信誉保证金。开店只交一次,以后将不再交,但是如果商家有卖假货等严重违规行为被发现,会扣2万元的保证金,这时不足部分需要补全,或者因为无货延迟发货等问题,对买家进行赔偿单笔交易的30%,也将从保证金中扣缴,扣完要补全。

(2)每年6万元的技术服务费。该技术服务费为每年交纳一次,但是如果年销售额达到一定规模,可以返还50%或者100%的技术服务费。

(3)每笔交易3%~5%的天猫扣点。

三、在京东商城平台开店的流程

普通商家入驻要求:确保企业营业执照、组织机构代码证、银行开户许可证、税务登记证、一般纳税人资格证均有效;确保所拥有的品牌有效或已获得相关授权;确保所售商品已取得国家规定的相关行业资质。

在京东商城平台开店的流程如下:

1. 操作步骤

(1)登录京东商城平台网站,注册京东账号。

首先申请者需要注册京东"个人用户"账号,拥有账号后才可进行下一步,如申请者已有个人账户,则可直接输入申请者的用户名密码登录即可。见图3-7、图3-8。

第三章 农产品网店的开设

图 3-7 登录京东账户

图 3-8 京东个人用户注册

(2)进入京东用户中心,验证手机及邮箱,见图 3-9。
(3)进入商家入驻(http://zhaoshang.jd.com)页面点击"马上入驻",见图 3-10。

图 3-9 京东用户中心验证

图 3-10 京东商家入驻

（4）选择入驻类型，国内商家选择"入驻京东主站"，国外商家选择"入驻京东全球购"，见图 3-11。

（5）查看京东平台入驻相关资质要求，确认后点击"开始提交"进行上传，见图 3-12。

（6）填写联系人信息，见图 3-13。

（7）完善公司信息，上传营业执照，系统自动识别申请者填写的营业执照信息，若识别失败，则需手动填写，提交前请详细核对填写的信息是否正确。见图 3-14 至图 3-16。

（8）完善税务及财务信息。申请者需完善公司税务登记证信息、结算银行账户信息，同时上传相应的电子版信息（需要加盖彩色企业公章）。

图 3-11 京东商家入驻说明

图 3-12 京东商家入驻资质要求

（9）完善店铺信息。申请者应录入商家基本经验信息、是否受到其他商家推荐、是否收到京东垂直网站要求（如未收到邀请，请勿选择）。

（10）完善类目及资质。申请者应选择期望店铺类型、期望经营的品牌及类目。所选类目均需提供对应的资质，相关资质要求可点击查看右侧帮助或经营类目处的资质解读。

（11）店铺命名根据所选的店铺类型完成店铺命名，申请者应按照提示的规范完成店铺命名，不符合规范将被驳回。

（12）入驻联系人信息提交前需要核对所填写内容是否正确，如果填写有错误可点击"上一步"返回修改。

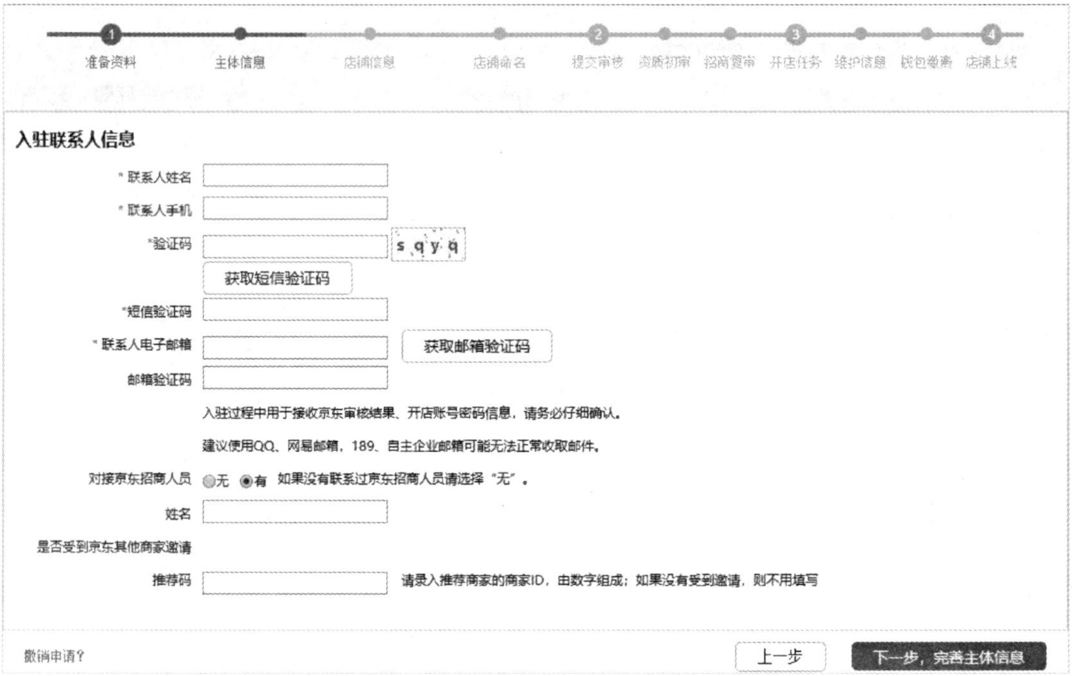

图 3-13　京东商家入驻联系人信息

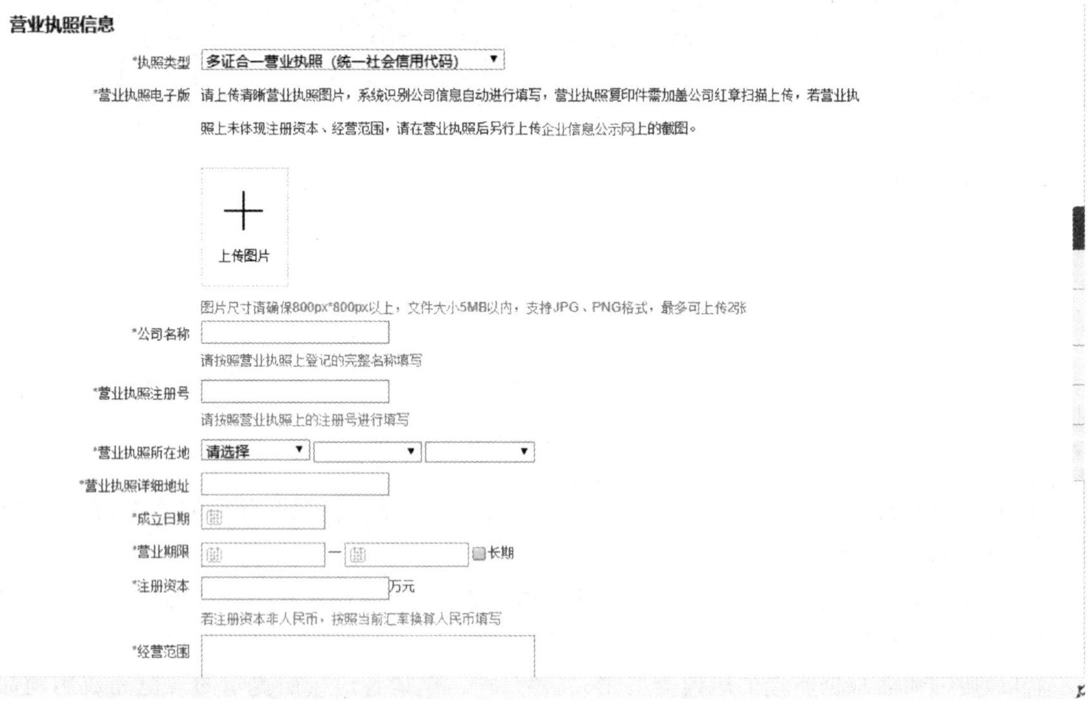

图 3-14　京东商家完善公司信息(1)

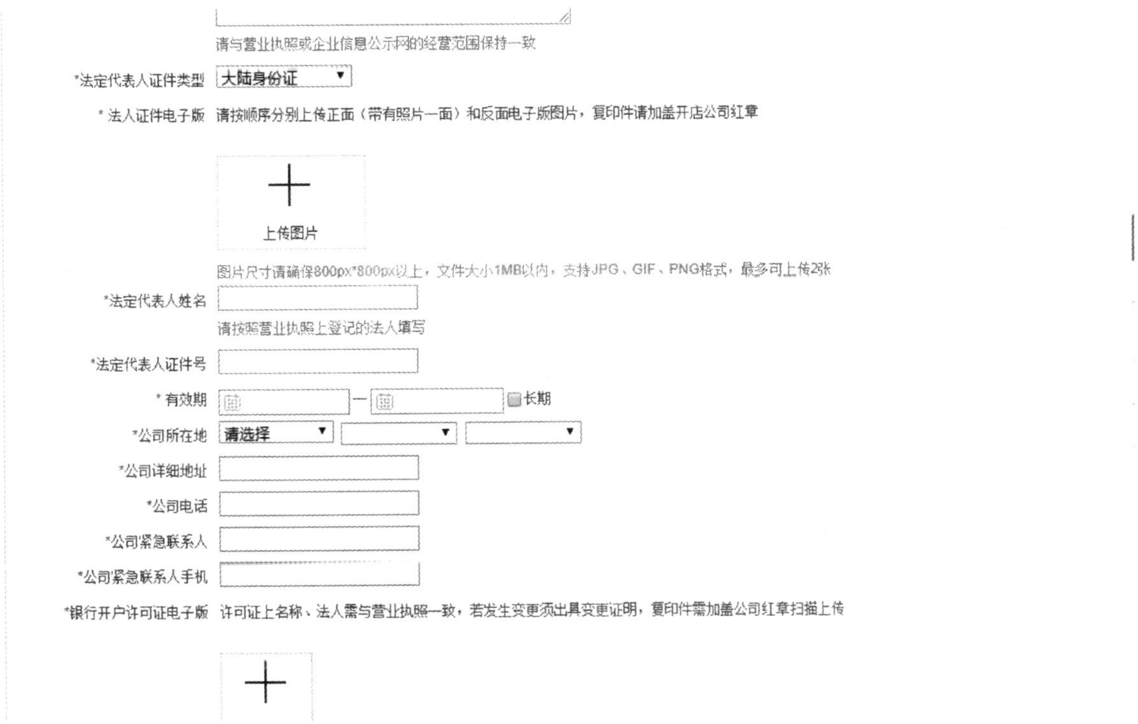

图 3-15　京东商家完善公司信息(2)

图 3-16　京东商家完善公司信息(3)

(13)确认在线服务协议。申请人应仔细阅读《"京东 JD.COM"开放平台在线服务协议》,如无异议,勾选"我已仔细阅读并同意协议"后,点击"提交入驻申请"。

(14)入驻进度查询及通知。提交入驻申请后,商家可以通过入驻申请页面登录查看入驻申请的进度,同时京东商城后台也会在入驻过程中通过短信、邮件实时通知,开店完成后,若店铺需录入相关信息会通过邮件形式通知商家。

2. 京东收费标准

农用物资商家信誉保证金根据所销售品种的不同收取 10000～100000 元不等,平台使用费均为每月 1000 元,销售费率根据所销售品种的不同收取 0%～5% 不等。京东农用物资商家收费标准表,见表 3-1。

表 3-1 京东农用物资商家收费标准表

一级分类	二级分类	三级分类	费率 SOP	费率 FBP	平台使用费 单位:元/月	保证金 单位:元
农用物资	蔬菜类种子/水果类种子		5%	5%	1000	50000
	经济作物类种子/粮食豆类种子		5%	5%		100000
	草种/花卉种子/林木种子/园林植物		5%	5%		30000
	农药		5%	5%		
	肥料	氮/磷/钾肥/复合肥	0%	0%		30000
		其他三级类目	5%	5%		
	园林/农耕	农机整机	0%	0%		30000
		农技服务	5%	5%		
		其他三级类目	5%	5%		
	饲料	饲料添加剂	5%	/		10000
		浓缩料	3%	/		
		全价料/预混料	0%	0%		
	兽药		5%	/		30000
	兽用器具		5%	/		

其他农产品商家信誉保证金收取 50000 元,平台使用费均为每月 1000 元,销售费率根据所销售品种的不同收取 3%～5% 不等。京东其他农产品商家收费标准表,见表 3-2。

表 3-2　京东其他农产品商家收费标准表

一级分类	二级分类	三级分类	费率 SOP	费率 FBP	平台使用费 单位:元/月	保证金 单位:元
食品饮料	食品礼券/地方特产/茗茶		5.00%	5.00%	1000	50000
	饮料冲调	饮用水	3.00%	3.00%		
		其他三级类目	5.00%	5.00%		
		坚果炒货/饼干蛋糕	4.00%	4.00%		
	休闲食品	其他三级类目	5.00%	5.00%		
		米面杂粮/食用油	3.00%	3.00%		
	粮油调味	其他三级类目	5.00%	5.00%		
		饼干蛋糕	5.00%	5.00%		
	进口食品	糖果/巧克力	5.00%	5.00%	1000	50000
		休闲零食	5.00%	5.00%		
		冲调品	5.00%	5.00%		
		米面调味	5.00%	5.00%		
		牛奶	5.00%	5.00%		
		水	3.00%	3.00%		
		饮料	5.00%	5.00%		
		咖啡豆/咖啡粉	5.00%	5.00%		
		油	5.00%	5.00%		
		方便食品	5.00%	5.00%		
生鲜	海鲜水产	贝类、海参、海产干货、海产礼盒、其他水产、虾类、鱼类	3.00%	3.00%	1000	50000
	海鲜水产	蟹类、海鲜卡券	3.00%	3.00%		80000
	冷藏/冷冻食品		3.00%	3.00%		50000
	冷藏饮料		3.00%	3.00%		
	奶酪黄油		3.00%	3.00%		
	其它肉类		3.00%	3.00%		
	禽肉蛋品	鸡肉、鸭肉、蛋类、其他肉禽	3.00%	3.00%		
	肉制品		3.00%	3.00%		
	乳品冷饮		3.00%	3.00%		
	蔬菜		3.00%	3.00%		20000
	水果		3.00%	3.00%		
	猪牛羊肉		3.00%	3.00%		50000

第三节　农产品网店客服

一、网店客户咨询服务

1. 了解客服接待的基本流程

（1）问好——回复客户咨询的第一句话。

（2）提问——善于提问能够引导客户。

（3）分析——通过沟通分析客户的真正需求。

（4）推荐——通过分析和提问作出商品（或服务）推荐。

（5）谈判——成功的谈判将直接促成交易。

（6）帮助——解决客户交易中的困难。

（7）核实——交易达成前要最后确认。

（8）告别——告别时要有技巧地收尾。

2. 日常问答标准问复

（1）问好。

举例如下：

客服：亲，您好！欢迎光临现代生活网上农产品专区！我是您的客服×××、非常高兴为您服务！请问有什么可以帮您的吗？

客服：亲，您好！欢迎光临现代生活网上超市化妆品专区！我是您的客服×××。非常高兴为您服务！现在我们的农产品正在进行促销活动中，请问您有需要的吗？

（2）买家直接发商品链接或文字询问商品情况。如是否有货或价格是否能优惠等。

举例如下：

客服：亲，您好！我是现代生活网上超市您的客服代表×××，您稍等，我帮您核实一下农产品的情况。马上回复您！

客服：亲，您好！现在这件宝贝已经……

3. 不断积累日常问答库

一些专业性较强的农产品相关问题，可使用FAQ模式回答。FAQ是"frequently asked question"的缩写，中文意思就是"经常问到的问题"，或者更通俗地称为"常见问题解答"。这样回答不仅上手更快，而且不容易回答错误，以免导致顾客对店铺的专业性表示怀疑。同时常见问答也是对新员工进行上岗培训最好的教材，这些问题和答案可以通过平时的工作来收集和整理，也可以通过互联网去进行搜索，或者去相关的专业论坛寻找。

4. 遵守接待流程的重要性

（1）可以提高工作效率。

（2）尽量减少失误。

（3）使接待服务显得更加规范和专业。

（4）统一规范工作流程，养成严谨的工作作风。

（5）可以纳入工作考核内容，同时还有利于新员工的上岗培训。

5.掌握沟通

客服沟通交谈技巧的运用对促成订单至关重要。

(1)态度方面。

①树立端正、积极的态度;

②要有足够的耐心与热情。

(2)表情方面。

微笑是对顾客最好的欢迎,微笑是生命的一种呈现,也是工作成功的象征。

(3)礼貌方面。

俗话说"良言一句三冬暖,恶语伤人六月寒",一句"欢迎光临",一句"谢谢惠顾",短短的几个字,却能够让顾客听起来非常舒服,产生意想不到的效果。

(4)语言文字方面。

常用的规范用语见表3-3。

表3-3 常用的规范用语表

序号	常用语	禁忌语
1	"您"或者"咱们"	"我""你们"
2	"你好""请问""麻烦""请稍等""不好意思""非常抱歉""多谢支持"	"有什么事吗?""现在太忙,等一下。""有话就说,没空搭理你"
3	"欢迎光临""认识您很高兴""希望在这里能找到您满意的"	"你要什么,就自己选吧。""你喜欢什么就直接付款好了。"
4	"看看我们能够帮你做什么"	"我不能"
5	"我们能为你做的是……""我很愿意为你做"	"我不会做""这不是我应该做的""我想我做不了"

二、网店客户接待服务

1.不同类型的客户接待技巧

任何一种接待技巧都不是对所有客户一概而论的,针对不同的客户应该采用不同的接待技巧见表3-4。

表3-4 接待技巧表

序号	类别	顾客具体体现	沟通方式
1	对商品了解程度不同	对商品缺乏认识,不了解	像朋友一样细心地解答,多从他(她)的角度考虑并推荐
		对商品有些了解,但是一知半解	控制情绪,有理有节、耐心地回答,向他(她)表示你的丰富专业知识,让他(她)认识到自己的不足,从而增加对你的依赖
		对商品非常了解	让他(她)感觉到自己被当成内行朋友,而且你尊重他(她)的知识,你给他(她)的推荐肯定是最衷心的、最好的

续表 3-4

序号	类别	顾客具体体现	沟通方式
2	对价格要求不同	有的顾客很大方,说一不二,看见你说不砍价就不跟你讨价还价	主动告诉他(她)我的优惠措施,我们会赠送什么样的小礼物,这样让顾客感觉物超所值
		有的顾客会试探地问问能不能还价	坚定地告诉他(她)不能还价,同时也要态度缓和地告诉他(她)我们的商品是物有所值的,并且谢谢他(她)的理解和合作
		有的顾客就是要讨价还价,不讲价就不高兴	要有理有节地拒绝他(她)的要求,不要被他(她)各种威胁和祈求所动摇,适当的时候建议他(她)再看看其他便宜的商品
3	对商品要求不同	对购买的商品质量有清楚的认识	这样的顾客很好打交道,据实回答顾客提出的问题,并且谢谢他(她)又选择购买该类商品
		有的顾客将信将疑,会问:图片和商品是一样的吗	要耐心给他(她)解释,在肯定我们是实物拍摄的同时,要提醒他(她)难免会有色差等,让他(她)有一定的思想准备,不要把商品想象得太过完美
		顾客非常挑剔	要实事求是介绍商品,还要实事求是地把一些可能存在的问题都介绍给他(她),告诉他(她)没有东西是十全十美。如果顾客还坚持要完美的商品,就应该委婉地建议他(她)选择实体店购买需要的商品

2.接待咨询的技巧

(1)促进交易的技巧。

①利用怕"买不到"的心理,见图 3-17。

②利用顾客希望快点拿到商品的心理,见图 3-18。

③利用"二选一"的技巧促成交易,见图 3-19。

④帮助准顾客挑选,促成交易,见图 3-20。

⑤巧妙反问,促成订单,见图 3-21。

⑥积极推荐,促成交易,见图 3-22。

(2)时间控制技巧。

除回答顾客关于交易上的问题外,可以适当聊天,这样可以促进双方的关系,但自己要控制好聊天的时间和度,毕竟客服的工作不是闲聊,你还有很多正经的工作要做。聊到一定时间后可以以"不好意思,我在点事情走开一会儿"为由结束交谈。

(3)说服客户的技巧。

①调节气氛,以退为进。

图 3-17 促进交易的技巧(1)

图 3-18 促进交易的技巧(2)

图 3-19　促进交易的技巧(3)

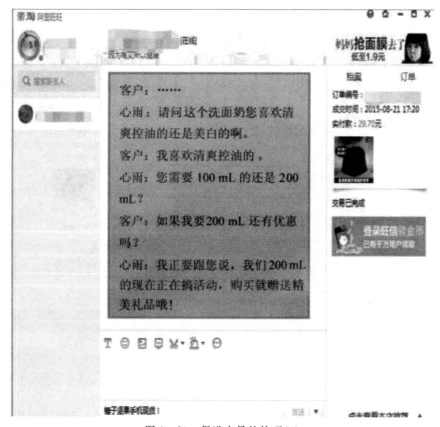

图 3-20　促进交易的技巧(4)

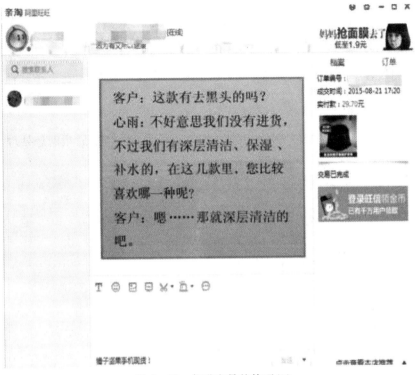

图 3-21 促进交易的技巧(5)

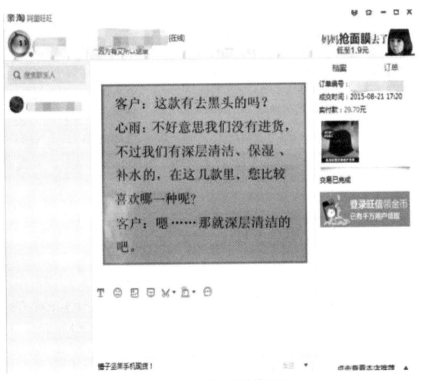

图 3-22 促进交易的技巧(6)

例:那这样吧,亲,我对您的要求已经一一解释,要不您再看看其他的,我们以后再谈,好吗?

②争取同情,以弱克强。

例:亲,我们做客服的也不容易,这个折扣真的超出我的权限了,实在人小言轻,没办法,见谅了。

③消除防范,以情感化。

例:您说得对,我们的想法是一致的,因此,您的问题我会非常愿意帮助您处理。

④投其所好,以心换心。

例:您喜欢的这商品也是我喜欢的,咱们真是英雄所见略同啊!

(4)注意事项。

①回复及时给客户留下好印象(黄金6秒);

②用词简单生硬影响客户体验(加语气词);

③一切为了让客户留得更久(先交朋友);

④千万要注意网络交易安全(专业的形象);

⑤建议交谈中搭配适合的旺旺表情(亲和力加分)。

3.常用语(话术)的使用

不同阶段常用语(话术)的使用如表3-5所示。

表3-5 常用语(话术)表

序号	阶段	常用语(话术)
1	进门问候	您好!欢迎光临,很高兴为您服务! 您好!请问有什么可以为您效劳的? 您好!请问您有什么问题需要咨询呢?我很乐意为您解答。 您好,××店欢迎您!很高兴为您服务……如果喜欢我们的产品,记得收藏我的店铺哦!
2	引导催促	不知道您需要考虑什么样的问题呢?是价格方面的原因吗? 这是最后一件了哦,要买的话赶紧了,呵呵。 忘了告诉您,我们这几天正好在促销,优惠很大的噢。 您要的是这种型号还是那种型号?这款还是那款? 您的眼光不错,这款是目前最热销的,刚刚才有顾客买了一件。 您还有什么不了解或者不明白的地方吗?
3	商品咨询	感谢您的信任,那我就给您推荐几款吧,但纯粹是个人意见哦。 您的眼光真不错,我个人也很喜欢您选的这款。 请告诉我您的具体尺寸,或者您也可以根据我们的《尺码表》进行对照挑选。 亲的身高体重多少,平时穿什么尺码的,可以帮亲参谋一下噢!
4	安抚顾客	抱歉让亲久等了,现在咨询量很大,回复比较慢,谢谢亲的耐心等待。 现在有多位顾客咨询,我正逐一解答,并非有意怠慢,请亲理解哦。

续表 3-5

序号	阶段	常用语（话术）
5	讨价还价	我们都知道好货不便宜，便宜没好货，其实如果我们换一个角度来看，最好的产品往往也是最便宜的，因为您第一次就把东西买对了不用再花冤枉钱，而且用得时间久，带给您的价值也高，您说是吗？ 非常感谢您的惠顾，不过，网上店铺的各项成本也不低，对于初次交易我们确实都是这个价格的，以后不论是您再次购买或者是介绍朋友来购买我们都会根据不同金额给予优惠的。 这个价格已经是我们的最低价了，实在没办法啊，呵呵，请您多多理解。麻烦您考虑下哦，需要的话请联系我或直接拍下，谢谢！ 价格是应该考虑，但我们认为价值也同样重要呢，价格和价值是成正比的哦，因此，我们宁可一时为价格解释，也不要一世为质量道歉。 我非常理解，在购买产品的时候大家都很看重价格，但是在整个产品的使用过程中大家会更加在意这个产品的品质，因此，我相信您会作出正确的判断。
6	促成交易	请稍等，我需要看一下库存单，麻烦您稍等。 购买多款商品的话，建议您使用购物车，将商品添加到购物车后一并购买支付，只统一收取一个运费，这样您的邮费就不会重复支付啦。 亲的时间很宝贵，如果对我们的产品感兴趣的话，还请尽快拍下付款哦，我们马上就可以为您安排发货了。 这款是我们的镇店之宝哦，评价和销量都非常不错，而且这款产品的库存也不多了，喜欢的话要抓紧购买哦，不然就没货了。 这款销得很好，我们也不能保证一直有货的，需要的话还请您尽快决定哦。 亲，假设您现在购买，还可以获得××礼品。活动期间才有这样的优惠哦，亲及时决定就不会错过这么大的优惠了……否则会很可惜的哦……
7	成交发货	您好，已经看到您支付成功了。我们会及时为您发货的，感谢您购买我们的商品，有需要请随时招呼我，我是×号客服××。 您好，物流公司的发货效率是我们无法控制的，希望您能理解。 请稍等，改好价格后我通知您！谢谢支持！ 您好，价格修改好了，一共是××元，请您先核对再支付，谢谢！ 请问，是按照下面提供的地址为您发货吗？ 我会及时安排您的宝贝发出，请您在2~3天内手机处于接通状态，方便快递业务员将产品及时准确送达您的手中，谢谢合作！
8	告别	不客气，期待能再次为您服务。祝您每天好心情。 感谢您的信任，我们会尽心尽责地为您服务，祝我们合作愉快！ 亲，感谢您购买我们的产品，合作愉快，欢迎下次光临。 不客气哦，为您服务很高兴，祝您购物愉快！

续表 3-5

序号	阶段	常用语（话术）
9	售后服务	您好，请问我们的产品或服务有什么地方让您不满意吗？ 很抱歉给您添麻烦了，由于快递公司的原因给您带来不便，我们表示深深的歉意。 我们公司实行无条件退换商品，请您放心，我们一定会给您一个满意答复。 亲，您好！有关退货、发货及快递问题请联系我们的专业售后客服，他们会为亲处理的，如果没有联系您，望亲耐心等待，感谢您的支持和理解！ 非常感谢您提出的宝贵建议，我会在第一时间将您的问题反映给相关负责人，给您一个满意的答复。 假如我们的工作给您带来不便，请您原谅，希望您可以告诉我具体情况，以便我们及时改进与处理。 非常感谢您一直支持××，我们的成长需要大家的鼓舞与指导，我们在很多地方做得不够完善，给您带来不便表示真诚的道歉。

三、网店客户异议处理技巧

1.客户异议

客户异议是指客户对销售的商品、客服人员、商品销售方式或交易条件产生的怀疑、抱怨，并进而提出否定或反面的意见。从客户异议产生的含义中可以看出，客户产生异议的原因是客户有需求而没有及时得到解决或者没有满足他（她），因此异议并不可怕，我们应该正确对待和有效化解异议，使其转化成销售率。

2.客户异议的类型

（1）需求异议，如图 3-23 所示。

图 3-23 需求异议

(2)财力异议,如图 3-24 所示。

图 3-24 财力异议

(3)权力异议,如图 3-25 所示。

图 3-25 权力异议

(4)价格异议,如图 3-24 所示。
(5)产品异议,如图 3-26 所示。
(6)客服服务异议,如图 3-27 所示。
(7)购物流程异议,如图 3-28 所示。

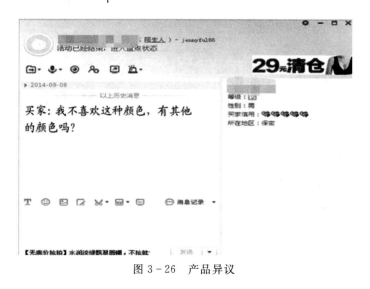

图 3-26　产品异议

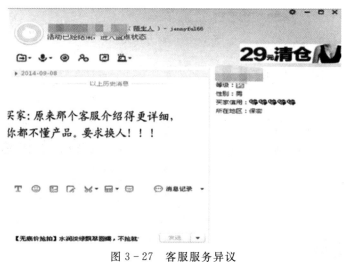

图 3-27　客服服务异议

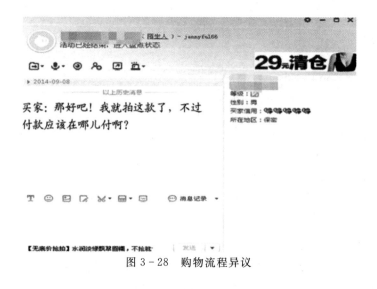

图 3-28　购物流程异议

3. 商品异议的处理技巧

(1)处理技巧。

常用商品异议处理表,见表3-6。

表3-6 商品异议处理(话术)表

常见异议	常用话术	技巧要点
你家卖的是正品吗	(1)我们是××商城开设的,工商有备案,销售产品均为厂家授权代理机构直接供应的正品,您可以放心购买的。 (2)反问:您也许是第一次到商城或第一次到我家店铺查看商品吧?我们都是经过××公司验证过的,商品您可以放心。 (3)关于品质,请放心哦,我们是厂家授权经销机构,支持7天无理由退换货服务,您可以看一下店铺中的购买记录和评论再放心购买哦。	(1)强调是官方商城验证店铺; (2)工商备案,公信力; (3)提出7天无理由退换货服务,强调其他买家评价好。
怎么辨别呢	我们店是皇冠店,已经有几万的顾客给了好评,您可以随意看一下,需要我帮您简单介绍一下吗?	(1)证据说话:我家已经有好几万的老顾客了。 (2)撇开这个话题,提出问题,了解顾客需求。
支持专柜验货吗	十分支持啊,假一罚十哦。	言语亲切,便于拉近距离。
验货说是假的怎么处理呢	(1)到目前,我们销售出去的几万件商品,没接到一件假货投诉呀。 (2)很多个体小店铺抓住顾客贪便宜想法,什么A货、外贸尾单等,货品渠道不正宗,到头来是顾客自己吃亏。 (3)我们是可以提供正规发票的,对您是有保证的。	(1)证据说话; (2)进行对比; (3)提供商品发票。

(2)举例如下:

①产品异议的处理,如图3-29所示。

②价格异议的处理,如图3-30所示。

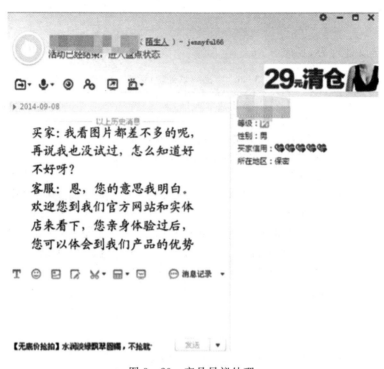

图 3-29　产品异议处理

图 3-30　价格异议处理

案例拓展

如何白手起家卖樱桃做到800万？[1]

他,一个高龄中专生,不想上班,整天无所事事,慢慢成了村里人口中的"小混混"。

她,一个四星级酒店的会计,虽然因为家庭原因没能接受高等教育,但却是村里人口中"别人家的孩子"。

两个80后"农二代"通过网络认识、相恋并开始创业。为了做电商,她主动提出和他结婚,就是为了在上班之余可以腾出15天婚假时间好好做电商。当然之后她又推掉了所谓的产假。从最初买不起电脑到年销800万,他们用8年的时间做好了一家线上鲜果店。如何白手起家创业成功?他们走过弯路也收获了经验。

初创业草根夫妻店起步

说起创业,董学刚和刘丽丽的脸上满满的成就感。当时仅仅是在淘宝购物时突然闪过的一个念头"咱家能不能通过淘宝把樱桃卖出去啊",两人就决定付诸实践试一试。跟别的80后创业不同,2008年的他们除了家里200多亩樱桃树,其他什么都没有,连电商最基础的硬件设备电脑都没有,还是向别人借钱买的,至于怎么开淘宝店更是丈二和尚摸不着头脑。但是,两人就是倔,不开起来誓不罢休,就自己上网摸索,甚至整宿不睡地窝在电脑前。

一年多的时间,边钻研边经营,两人身兼多职,又当客服又当美工,又填单子又发货,一天只睡两三个小时,终于把淘宝店开出了规模,尤其在樱桃旺季时,旺旺基本处于爆掉的状态。"2010年,我当时就一个感慨,天呐,我们烟台福山的樱桃真的很受欢迎啊!"这一年,他们淘宝店赚了20万,第一次尝到电商带来的甜头,刘丽丽非常兴奋,但她也遗憾,如果早一点有运营的意识,有正规的团队和专业的客服,他们会做得更好,因此,他们又开始了新的一轮的电商探索。

重品质主打地标农产品

熟知线上生鲜销售的人都知道,标准化和运输是对生鲜电商挑战最大的两个环节。

先说标准化,包括分拣标准化和包装标准化。由于是线上交易,消费者看不到实物,对产品的规格没有特定的概念,所以电商出具统一的分拣标准显得尤为重要。刘丽丽家以前用硬币区分樱桃大小,五角钱硬币代表中果,一块钱硬币代表大果,超过一块钱代表特大果,人工误差较大,执行福山区的分拣标准后,统一改用卡尺量取果径,精确到毫米,分22~24mm、24~26mm、26~28mm及28mm以上这四个等级,直接挂到网店上供消费者参考。

在包装标准化的进程中,刘丽丽最开始用进口车厘子的保鲜盒,但由于密封性和保温性太差,就尝试改用泡沫箱,可有消费者投诉泡沫箱的味道会渗透到樱桃里,所以又被否决了。经过不断的尝试,最后才敲定用食品级的保鲜袋装樱桃,再放入箱中,底部放两层吸水纸吸潮气,再放上一层泡沫垫和两个冰袋,以此保证运输过程中樱桃的品质不受损。虽然成本提升了,但鲜果的损坏率却得到了有效控制,当然,也有一部分得益于快递。刘丽丽家只用顺丰和联邦空运,近的地方隔天就到了,最远有一次运到拉萨,三天半时间一个没坏。

---

[1] 两个"农二代",如何白手起家卖樱桃做到800万[EB/OL].[2016-05-28].http://m.sohu.com/a/77826219_197955.

与线下走量不同,刘丽丽的线上零售就是严抓品质,每天坚持清晨3点多采摘,8点多运回仓库立即进行人工分选,再装箱发货,保证现摘现发。就新鲜度而言,这恰恰是樱桃收购商很难保证的。另外,她家的樱桃每年都会作检测,检测报告也会在网店公示出来。

之后,小两口又合计着开起了天猫,取名"山樱水果旗舰店",恰巧遇上樱桃成熟季,不到20天,营业额就突破20万。由于樱桃黄金期只有21天,为了填补非樱桃季时的销售空白,他们决定增加线上鲜果的品类,销售烟台其他特产水果,如苹果、梨、冬枣等,成效也很明显,增加品类后的第一年,销售额就突破400万。

不管是福山的樱桃,还是烟台市的其他水果,在产品的选择上山樱店之所以主推本地的地标农产品,除了基于品质的考虑,地域近、好把控、易管理,另一方面也想借助农产品打响区域名片,名声打出去了,品牌化了,才能持续发展。

推服务打出组合拳

从2008年的第一家淘宝店到2012年的天猫旗舰店,刘丽丽的鲜果积累了很多忠实的老客户,每年都会准时报到,活跃度很高。如果说品质是基础,那么山樱店的服务就是发光点。

尤其是售后服务,如果消费者投诉樱桃不好吃、受损了,客服就会马上安抚消费者,并在照片确认后给予他们相应的赔偿,让消费者觉得山樱店是正规地做生意,绝对不是货卖出去了就不闻不问。

除了对品质的投诉,消费者对快递配送慢也会投诉,山樱也增加了保险服务,还在货箱上贴了大大的俏皮的不干胶标语"快递师傅最可爱,到货之后一定帮我加急派送哦!"通过各种方式展示对快件时效性的重视。

"不要把他们当客户,而是当成朋友。"刘丽丽对待客户坚持交友原则,跟客户共同进步。在她的客户朋友中,有一个广东的廖女士对她帮助很大。廖女士闲暇时做社区水果团购,非常重视鲜果的品质,找了好多家都不满意,最后找到了刘丽丽。她的需求很大,最多的时候一天要4吨货,一周有6天需要供货。有一次下大雨,大半夜停电了,货还没装箱,如果半夜十一点前不给货运公司,就很难保证第二天能到青岛发航空,考虑到她的量大,耽误一天影响非常大,于是刘丽丽开着车灯,拿着手电筒连夜装箱,紧赶慢赶才顺利送达。"当时就一个念头,不能让客户损失",就是这样的服务态度,她们的合作从2010年开始一直没断过。客户现在已经在当地开了7家分店,销售全国的水果。

"我用品质和服务成就了她的后期发展,她用客源成就了我的经济来源,我们现在是很好的朋友。"刘丽丽觉得有时候和客户的关系就是互相成就。喜欢创新的她还拍了一些走心的视频,挂在网店上,宣传樱桃、苹果、冬枣等产品的同时,也附带社会公益等话题,做产品也做情怀。

变形式单打转为抱团

现在的山樱店不再是小两口的单打独斗了,他们雇了十几个人,组建了"客服+运营+线上销售"的专业团队。在筹备天猫时还联合周边的农户成立了合作社,形成抱团态势,互帮互助,比如自家的货不够发了,可以让其他家帮忙代发,第一原则就是先把客户服务好。

其实,在刘丽丽开淘宝店的初期,当地做电商的农户还不多,比较成熟的差不多就三家,刘丽丽是其中一家,她们成立了一个线上的小群体,经常沟通交流,但由于当时还比较忌讳同行见面,所以她们私下没有接触。

2015年,在政府的牵头下,她们终于在线下见面了,一同筹备樱福电商协会,协会今年正式成立,已有46家会员。现在,大家可以一起订物料,一起谈事,一起对接资源,所有事都一起抱团去做,效率也提高了不少。接下来,协会将配合政府逐步把线下的企业带到线上来,用"以一带一""以一带多"的方式把当地的特产都搬到线上销售。

　　8年了,回想当初和老公开着三轮车半夜去交易市场卖樱桃,被商贩压价、扣称、抹零头,下雨天等到凌晨的辛酸史,还有尝试做电商初期,一边上班一边帮忙,倒班、婚假、产假全用了一遍的"逗逼"史,刘丽丽不禁感慨,还好当初做了正确的决定,开了网店,做了电商。

第四章 农产品网店运营与管理

第一节 农产品网络营销的策略

一、网络营销概述

(一)网络营销的概念

网络营销是随着互联网进入商业应用而逐渐诞生的,尤其是万维网(WWW)、电子邮件(E-mail)、搜索引擎等得到广泛应用之后,网络营销的价值才越来越明显。E-mail 虽然早在 1971 年就已经诞生,但在互联网普及应用之前并没有被应用于营销领域;到了 1993 年,才出现基于互联网的搜索引擎;1994 年 10 月网络广告诞生;1995 年 7 月,目前全球最大的网上商店业马逊成立。1994 年对于网络营销的发展被认为是重要的一年,因为网络广告诞生的同时,基于互联网的知名搜索引擎 Yahoo!、Webcrawler、Infoseek、Lycos 等也相继于 1994 年诞生。从这些事实来看,可以认为网络营销诞生于 1994 年。

网络营销是企业整体营销战略的一个组成部分,是为实现最终产品销售、提升品牌形象而进行的活动。因此,无论是传统企业还是基于互联网开展业务的新兴企业,不管是否发生电子化交易,都需要网络营销。但网络营销本身并不是一个完整的商业交易过程,而是为促成交易提供支持,因此,网络营销主要发挥信息传递作用。理解这一定义,我们应该注意以下几点:

第一,网络营销建立在传统营销理论基础之上。因为网络营销是企业整体营销战略的一个组成部分,它不可能脱离一般营销环境而独立存在,网络营销理论是传统营销理论在 Internet 环境中的应用和发展。传统营销中 4P 理论,即产品(product)、价格(price)、渠道(place)和促销(promotion)之营销组合理论,现代营销中 4C 理论,即顾客(consumer)、成本(cost)、便利(convenience)、沟通(communication)组合理论,同样是网络营销的基石。同时,在网络环境下,时空的概念、市场的性质和内涵、消费者行为方式都在发生着深刻的变化,由此引发了企业经营理念、营销运作模式、市场竞争形态甚至整个商品流通领域的变化。网络营销是基于计算机网络的环境下开展营销活动,其营销方法又有自己的特点,使得信息传递更便利、更充分、更有效率。

第二,网络营销不等同于网上销售。网络营销是为实现产品销售目的而进行的一项基本活动,但网络营销本身并不等于网上销售。网络营销的目的并不仅仅是为了促进网上销售,还体现在企业品牌价值的提升、增加顾客的忠诚度、拓展对外信息发布的渠道、改善对顾客服务等方面。同时,网上销售的推广手段也不仅仅靠网络营销,往往还要采取许多传统的方式,如传统媒体广告、发布新闻、印发宣传册等。

(二)网络营销的基本职能

网络营销的基本职能表现在八个方面:网络品牌、网站推广、信息发布、销售促进、网上销售、顾客服务、顾客关系和网上调研。这也是网络营销的主要内容。

1. 网络品牌

网络营销的重要任务之一就是在互联网上建立并推广企业的品牌,以及让企业的网下品牌在网上得以延伸和拓展。网络营销为企业利用互联网建立品牌形象提供了有利的条件,无论是大型企业还是中小企业都可以用适合自己企业的方式展现品牌形象。网络品牌建设是以企业网站建设为基础,通过一系列的推广措施,达到顾客和公众对企业的认知和认可。网络品牌价值是网络营销效果的表现形式之一,通过网络品牌的价值转化实现持久的顾客忠诚和更多的直接收益。

2. 网站推广

获得必要的访问量是网络营销取得成效的基础,尤其对于中小企业,由于经营资源的限制,发布新闻、投放广告、开展大规模促销活动等宣传机会比较少,因此通过互联网手段进行网站推广的意义显得更为重要,这也是中小企业对于网络营销更为热衷的主要原因。即使对于大型企业,网站推广也是非常必要的,事实上许多大型企业虽然有较高的知名度,但网站访问量也不高。因此,网站推广是网络营销最基本的职能之一,是网络营销的基础工作。

3. 信息发布

网络营销的基本思想就是通过各种互联网手段,将企业营销信息以高效的手段向目标用户、合作伙伴、公众等群体传递,因此信息发布就成为网络营销的基本职能之一。互联网为企业发布信息创造了优越的条件,不仅可以将信息发布在企业网站上,还可以利用各种网络营销工具和网络服务商的信息发布渠道向更大的范围传播信息。

4. 销售促进

市场营销的基本目的是为最终增加销售提供支持,网络营销也不例外,各种网络营销方法大都直接或间接具有促进销售的效果,同时还有许多针对性的网上促销手段。这些促销方法并不限于对网上销售的支持,事实上,网络营销对于促进网下销售同样很有价值,这也就是为什么一些没有开展网上销售业务的企业一样有必要开展网络营销的原因。

5. 网上销售

网上销售是企业销售渠道在网上的延伸。一个具备网上交易功能的企业网站本身就是一个网上交易场所,网上销售渠道建设并不限于企业网站本身,还包括建立在专业电子商务平台上的网上商店,以及与其他电子商务网站不同形式的合作等。因此网上销售并不仅仅是大型企业才能开展,不同规模的企业都有可能拥有适合自己需要的在线销售渠道。

6. 顾客服务

互联网提供了更加方便的在线顾客服务手段,从形式最简单的 FAQ(常见问题解答),到电子邮件、邮件列表,以及在线论坛和各种即时信息服务等。在线顾客服务具有成本低、效率高的优点,在提高顾客服务水平、降低顾客服务费用方面具有显著作用,同时也直接影响到网络营销的效果,因此在线顾客服务成为网络营销的基本组成内容。

7. 顾客关系

顾客关系对于开发顾客的长期价值具有至关重要的作用,以顾客关系为核心的营销方式成为企业创造和保持竞争优势的重要策略。网络营销为建立顾客关系、提高顾客满意和顾客忠诚提供了更为有效的手段,通过网络营销的交互性和良好的顾客服务手段,增进顾客关系成为网络营销取得长期效果的必要条件。

8. 网上调研

网上市场调研具有调查周期短、成本低的特点。网上调研不仅为制定网络营销策略提供支持,也是整个市场研究活动的辅助手段之一。合理利用网上市场调研手段对于市场营销策略具有重要价值。网上市场调研与网络营销的其他职能具有同等地位,既可以依靠其他职能的支持而开展,同时也可以相对独立进行,网上调研的结果反过来又可以为其他职能更好地发挥提供支持。

开展网络营销的意义就在于充分发挥各种职能,让网上经营的整体效益最大化,因此,仅仅由于某些方面效果欠佳就否认网络营销的作用是不合适的。网络营销的职能是通过各种网络营销方法来实现的,网络营销的各个职能之间并非相互独立的,同一个职能可能需要多种网络营销方法的共同作用,而同一种网络营销方法也可能适用于多个网络营销职能。

二、农产品网络营销的发展趋势

网络营销给传统营销方式带来的革新和影响,从农产品网络营销的发展趋势来看,主要表现为以下四个方面:

(一)个性化

网络营销在个性化营销中手段创新主要有 IP 营销、数据库营销、搜索引擎营销等,这些手段和方法都在现代个性化营销中得到了广泛的应用和拓展。结合我国网络营销个性化营销的实践,应该做好以下三个方面的具体工作。

第一,开展电子商务项目前,做好项目的论证及可行性分析。

结合对市场信息和行业信息数据的分析,做好市场细分及目标市场选择工作,明确市场定位。不同行业、不同产品性质、不同规模的企业开展电子商务个性化营销项目其要求和做法是不同的。因此,企业在开展网络营销个性化营销项目前,一定要搞清楚自己项目的战略定位是什么,细分市场是什么,目标客户群的消费特征和购买行为为何,如何打造快捷方便的服务流程去满足客户需要,只有这样才能为网络营销个性化营销奠定坚实可行的基础。

第二,量身打造电子商务系统,搭建所需的营销平台。

在明确自己的战略定位以后,知道了自己的细分市场在哪里,明确了目标客户群的消费特征和购买行为后,下一步的工作是结合这些基本数据开发适合这些特点个性化网络营销系统平台。例如自己的客户对于电子商务网站设计风格的偏好,以及对于物流选择的偏好等,这就要求开展网络营销个性化的企业不能仅从成本角度去考虑其电子商务系统的开发和平台的搭建工作,而要从能否实现个性化营销的战略高度去加以认识和理解,不然会影响到整体战略的执行和目标的实现。

第三,加强和改进对于消费者的消费特征和购买行为分析。

积极探索更多的关于消费者消费特征数据的收集和整理工作,加强对消费者数据的分析和挖掘以及模式识别和知识发现工作,从而为更具有个性化的网络营销策略提供坚实可靠的数据支持和逻辑支持。利用数据仓库和数据挖掘技术以及数据透视及 OLAP 服务为网络营销个性化提供切实可行的数据支持。

对于消费者的数据信息要以多维数据集的形式加以综合分析和利用,从多个方面加以分析和挖掘，客户的信息就是其消费特征和消费行的表现。

(二)专业化

从电子商务发展经验来看，农产品电子商务营销将趋于行业的集中化与专业化。最典型的例子是美国较大规模行业兼并的现象，美国较大规模的电商收购小型电商，形成了更大的电商平台，如 The Seam，它最初由国内几个大规模棉花企业经销商通过企业联合而形成。美国农产品电商集中化的同时出现了网络营销专业化的倾向。这些电商针对不同的地区、行业、产品建立相应的农产品电商体系，提供信息流、资金流等全面配套服务。我国发展实践来看，农产品电子商务网络营销的专业化也必将成为一个发展趋势。

(三)区域化

不同地域消费者的消费习惯有很大的不同，线上渠道对区域本地生活服务商带来作用和效果具有较大的差异，而本地服务电商为商户提供的服务具有一定同质化倾向，无法满足本地服务生活商户多样化的需求。因此，电子商务的区域化将改变电子商务要全世界消费者的传统观念，使传统电子商务遇到的配送与购物安全等问题得到较好解决，满足区域化消费者的需求。区域电子商务营销平台可以为商家推广商品和服务提供一个更大的平台，使商家可以充分展示自己的优势产品和服务，扩大自己的销售范围，拉动居民消费。最重要的是，电子商务营销的区域化，使市民足不出户就可以享受到农产品的各种服务，满足区域性消费者的需求，极大方便了市民的生活，节约了市民出行的费用促进了物流配送业的发展。

区域电子商务，即在交易双方都在一个小的区域范围，使用电子商务手段在销售商和客户之间完成购物、支付并最终完成交易的过程。虽然电子商务不受地域限制，但是，区域电子商务的主要业务是服务于一座城市内的本地用户。虽然网络是无界的，但是区域电子商务的销售是有界的。虽然缩小了销售范围和用户群体，但可以消除传统零售电子商务带来的诸多问题，能使商家更加专注地为客户提供更加便捷、安全的服务。

区域电子商务网络营销主要由传统商业企业担当，是传统企业将其业务在网上进行扩展，与传统电子商务相比，区域电子商务具有稳定的客户群体，商品更加丰富，送货量大且及时，支付安全且支付方式多样，具有稳定的供货渠道，成熟的商业理念，品牌更具影响力。在做好电子商务营销区域化时，首先要将目标用户进行区域化定位，以区域性的消费者为主，兼顾远程用户，在实体经营的基础上逐步扩展到网上业务，包括销售业务、广告业务、售后服务业务、促销业务等。

(四)移动化

随着移动电子商务的发展，人们大量应用移动电话和掌上电脑，目前已经兴起了一股移动电子商务风潮。

移动电子商务用户的快速增长，为移动电子商务发展提供了广泛的用户基础，推动着移动电子商务向普遍化趋势发展。移动互联网的飞速发展，智能手机应用普及，电子商务正在由传统电脑向移动终端设备转移，越来越多的消费者开始选择移动商务模式。人们可以随时随地突破时空限制进行网上购物，移动电子商务市场已经进入一个高速增长期，移动电子商务的市场前景非常广阔。实践结果表明，移动电子商务的发展非常重要，人们用这些设备进行娱乐、经营和管理。从总体来讲，随着科技的不断发展和完善，移动电子商务和传统的商务模式相比，拥有更为宽广阔的发展空间，能够在发展中体现更广阔的市场前景。

农产品电子商务网络营销的移动化是在电子商务营销的基础上出现的,这种发展趋势符合我们的高水平需求。农产品移动电子商务网络营销与传统的电子商务营销相比,更加具有多样性,可以随时移动,人们在进行商业活动时,不会受到限制。电子商务的移动化使人们在农产品购买和消费中,能够在移动网络覆盖的地方进行连接,然后根据自身需求进行文本文件的传输或沟通。智能手机的大量应用,目前在使用移动电子商务方面具有较好的发展前景。移动电子商务将公共与专用网络联系起来,通过移动终端实现多种活动,其移动终端主要是手机、掌上电脑等,人们用这些设备进行娱乐、经营和管理。从总体来讲,移动电子商务和传统的商务模式相比,拥有更为宽广的发展空间,能够在发展中体现其市场前景。导致人们使用计算机的概率下降,其主要优势是可移动,更加个性化,携带更加方便。

三、农产品网络营销的产品策略

网络营销与传统营销一样,在虚拟的互联网市场,营销者必须以各种产品,包括有形产品和无形产品的销售来实现企业的营销目标。

由于网络的虚拟性,顾客在利用网络订购产品之前,无法直接接触和感受产品,限制了产品的网络营销。因此,企业一方面要掌握网络营销产品的选择,另一方面还要采取正确的产品策略。

(一)网络营销产品的选择

从理论上来说,任何形式的产品都可以进行网络营销,但是,受到消费者的偏好、个性化需求及物流等诸多因素的影响,企业在选择网上销售的产品时,应考虑到以下几个问题。

1. 充分考虑农产品自身的特性

根据信息经济学的理论,产品可以分为两大类:一类是可鉴别性产品,即消费者在购买时就能确定或评价其质量的产品,如水果、坚果等,这类产品的可鉴别程度较高;另一类是经验性产品,即消费者只有在试用后才能确定或评价其质量的产品,如滋补品、食品等。一般说来,可鉴别性产品以及质量水平较高、区域性较明显的产品易于网络营销,而经验性产品则难以实现大规模的网络营销。因此,在进行网络营销时,企业可以将可鉴别性高或区域性较明显的农产品作为首选的对象。

2. 充分考虑农产品的营销范围及物流配送状况

虽然网络营销的开展不受地域的限制,但是当消费者购买后由于无法配送而导致购物活动失败,将会对企业造成负面的影响。因此,企业必须考虑在合理的物流成本的基础上选择合适的产品和服务的营销范围。

3. 考虑产品的市场生命周期

网络环境中产品的市场寿命缩短,这对企业产品研发提出了更高的要求。与此同时,企业能够通过网络迅速、及时地了解和掌握消费者的需求状况,因此,企业应特别重视产品在试销期、成长期和成熟期营销策略的研究,选择最佳时机实施合适的产品策略。

(二)产品销售服务策略

在网络营销中,服务是构成产品营销的一个重要组成部分。提供良好的服务是实现网络营销的一个重要环节,也是提高用户满意度和树立良好形象的一个重要方面。

企业在进行网络营销时,可采取以下几个方面的服务策略。

1. 建立完善的数据库系统

以消费者为中心,充分考虑消费者所需服务以及所有可能需求的服务,建立完善的数据库系统。

2. 提供网上的自动服务系统

依据客户的需要,自动、适时地通过网络提供服务。例如,消费者在购买产品的一段时间内,提醒消费者应注意的问题。同时,也可根据不同消费者的特点,提供相关服务,如提醒客户有关家人的生日时间等。

3. 建立网络消费者交流平台

通过交流平台对消费者的意见、建议进行调查,借此收集、掌握和了解消费者对产品特性、品质、包装及样式的意见和想法,据此对现有产品进行升级,同时研究开发新产品,满足消费者的个性化需求。

四、农产品网络营销的价格策略

价格策略是企业营销的一种重要竞争手段。营销价格的形成受到产品成本、供求关系以及市场竞争等因素的影响,在进行网络营销时,企业应特别重视价格策略的运用,以巩固企业在市场中的地位,增强企业竞争力,网络营销的价格策略主要有以下几种。

(一)满足用户需求的定价策略

企业根据消费者和市场的需求来计算满足这种需求的产品和成本,根据需求进行产品及包装的设计,从而计算产品的生产和商业成本,根据市场可以接受的性能价格比而制定产品的销售价格。这种价格策略正在网络营销中得以充分运用。网络市场环境中,传统的以生产销售成本为基础的定价正在被淘汰,用户的需求已成为企业进行产品开发、制造以及开展营销活动的基础,也是企业制定其产品价格时首先必须考虑的最主要因素。

(二)低价定价策略

网络营销可以帮助企业降低流通成本,因此,网上商品定价可以比传统营销定价低。直接低定价就是在定价时采用成本加少量利润,甚至是零利润来定价,所以这种定价一开始就比同类产品定价低。

(三)折扣定价策略

商品打折销售对消费者具有相当大的诱惑。不少电子商场采用打折销售的方式来扩大知名度,客观上起到了广告效应。折扣定价可对某些商品直接打折,也可按购买量标准给予不同的折扣,还可采用季节打折的方法。

(四)等价定价策略

在网上销售数量不是很大的情况下,网络零售企业为了尝试网上营销的经验可能采取等价策略,即在网上销售的商品价格与在传统商店中的商品价格相等。

(五)智能型定价策略

网络零售企业可以通过网络与顾客直接在网上协商价格,如一些网站设置洽谈室让买卖双方在网上讨价还价,另有一些拍卖网站则通过网上定价系统来确定价格。

(六)个性化商品定价策略

网络营销的互动性使企业可以为顾客提供个性化的定制服务,即消费者对产品的外观、颜色、附件提出个性化的需求,企业按订单进行生产。这时企业提供了高附加值的服务,可实行较高价格的个性化商品定价策略。

（七）免费定价策略

将产品和服务以免费形式供顾客使用，它主要用于促销和推广产品，免费价格形式有以下几类：第一类是产品和服务完全免费，如新闻信息、无形软件产品，电子邮件、电子贺卡等；第二类是对产品和服务实行限制免费，即产品和服务可以被有限次使用，超过一定期限或次数后，取消这种免费服务；第三类是对产品和服务实行部分免费，享受全功能则要付费使用。

五、农产品网络营销的渠道策略

营销渠道是促使商品或服务顺利被使用或消费的一整套相互依存的组织和个人。它所涉及的是商品实体和所有权或者服务从生产向消费转移的整个过程。在这个过程中，起点是生产者，终点是消费者，位于两者之间的一些独立的中间商和代理商，他们帮助商品和服务的转移。网上市场作为一种新型的市场形式，同样存在着渠道选择问题，应合理地选择网络分销渠道。分析、研究不同渠道的特点，合理地选择网络分销渠道不仅有利于企业的产品顺利地完成转移，促进产品销售，而且有利于企业获得整体网络营销的成功。

（一）网络直销渠道

网络直接销售，简称网络直销，是指生产厂商通过网络分销渠道直接销售产品，中间没有任何形式的网络中间商介入其中。

网络直销可以提高沟通效率，借助互联网，网络直销实现了企业与顾客的直接沟通，提高了沟通效率，使企业能够更好地满足目标市场需求。网络直销减少了营销人员的数量，降低了企业的营销成本和费用，从而降低产品的价格。同时，营销人员利用网络工具，例如，电子邮件、社区论坛、微博、微信等可以了解并满足顾客需要，有针对性地开展促销活动，提高了产品的市场占有率。

但是，网络直销也存在自身的不足，网络直销产品的信息沟通，所有权转移、货款支付和实体的流转等是相分离的，任何一个环节失误都将直接影响产品销售。当前我国市场化运作机制还不完善，社会信用体系还没有完全建立，特别是电子支付体系和物流系统还有待进一步发展。

（二）网络间接销售

网络间接销售渠道是指网络营销者借助网络营销中间商的专业网络销售平台发布产品信息，与顾客达成交易协议。网络营销中间商是融入互联网技术后的中间商，具有较强的专业性，能够根据顾客需求为销售商提供多种销售服务，并收取相应费用。目前，高技术、专业化、单一中间环节的电子中间商大大提高了网上交易效率，并对传统中间商产生了冲击。

电子中间商在搜索产品、提供产品信息服务和虚拟社区等电子服务方面具有明显优势，但在产品实体分销方面却难以胜任。目前，电子中间商主要提供信息服务和虚拟社区中介功能，其类型有以下几种。

(1)目录服务。目录服务商对互联网上的网站进行分类并整理成目录的形式，使用户能够方便地找到所需要的网站。

(2)搜索引擎服务。与目录服务商不同，搜索引擎站点为用户提供大量的基于关键词服务的检索服务，如谷歌、百度等站点，用户可以利用这类站点提供的搜索引擎对互联网进行实时搜索。

(3)网络出版。网络信息传输的及时性和交互性特点,使网络出版Web站点能够向顾客提供大量有趣或有用的信息,满足顾客的需求。丰富的信息内容和免费服务促进了该类网站的发展。

(4)网络零售商。网络零售商与传统零售商一样,通过购进各种商品,然后把这些商品直接销售给最终消费者,从中赚取差价。由于在网上开店的费用较低,因而网络零售商店的固定成本显然低于同等规模的传统零售商店,另外,网络零售商的每一笔业务都是通过计算机自动处理,节约了人力,降低了成本。

(5)电子支付。电子支付系统是实现网上交易的重要组成部分。电子支付工具从其基本形态上看,是电子数据,它以金融电子化网络为基础,通过计算机网络系统以传输电子信息的方式实现支付功能。

(6)虚报市场。虚拟市场是指为厂商或零售商提供建设和开发网站的服务并收取相应的服务费用,如服务器租用、销售收入提成等。

(7)网络统计机构。电子商务的发展也需要其他辅助性的服务,例如,网络广告商需要了解有关网站访问者特征,不同的网络广告手段的使用率等信息,网络统计机构就是为用户提供互联网统计数据的机构,如我国的CNNIC。

(8)网络金融机构。网络金融机构就是为网络交易提供专业性金融服务的金融机构。现在国内外有许多只经营网络金融业的网络银行,大部分的传统银行也开设了网上业务,特别是近年来还出现了不少第三方网络支付企业,专门代理进行网络交易的支付业务,为网络交易提供专业性金融服务。

(9)智能代理。智能代理是利用专门设计的软件程序,根据消费者的偏好和要求预先为消费者自动进行所需信息的搜索和过滤服务的提供者。智能代理软件在搜索时还可以根据用户自己的喜好和别人的搜索经验自动学习、优化搜索标准。对于那些专门为消费者提供购物比较服务的智能代理,又称为比较购物代理、比较购物引擎、购物机器人等,而且在此基础上还产生了一种新的电子商务模式,即比较电子商务,由于其先进性,使一些采用这一模式的网站迅速发展,成为众多消费者经常访问的站点,这从一个侧面反映了这种服务对消费者的价值。

六、农产品网络营销的促销策略

网络促销是指利用现代化的网络技术向虚拟市场传递有关产品和服务的信息,以启发需求,引起消费者购买欲望和购买行为的各种活动,从而实现其营销目标。

(一)网络促销的特点

1. 网络促销通过网络技术传递信息

网络促销通过网络技术传递产品和服务的存在、性能、功效及特征等信息。它建立在现代计算机与通信技术基础之上,并且随着计算机和网络技术的发展而不断改进。因此,网络促销不仅需要营销者熟悉传统的营销技巧,而且需要相应的计算机和网络技术知识,包括各种软件的操作和某些硬件的使用。

2. 网络促销是在虚拟市场上进行的

互联网是一个媒体,是一个连接世界各国的大网络,它在虚拟的网络社会中聚集了广泛的人口,融合了多种文化成分。所以从事网上促销的人员需要跳出实体市场的局限性,采用虚拟市场的思维方法。

3. 互联网虚拟市场是全球性的

互联网虚拟市场的出现,将所有企业,不论是大企业还是中小企业,都推向了一个世界统一的市场。传统区域性市场的小圈子正在被一步步地打破,全球性竞争迫使每个企业都必须学会在全球统一的大市场上做生意,否则,这个企业就会被淘汰。

(二)网络促销的形式

1. 网络营销站点推广

站点推广是指企业通过对网络营销站点的宣传推广来吸引顾客访问,树立企业网上品牌形象,促进产品销售。站点推广是一项系统性的工作,需要企业制订推广计划,并遵守效益/成本原则、稳妥慎重原则和综合性实施原则。

目前,站点推广主要采取搜索引擎注册、建立链接、发送电子邮件、发布新闻、提供免费服务、发布网络广告等方式。根据网站的特性,采取不同的方法提高站点的访问率。

2. 网络广告

网络广告是指广告主以付费的方式运用网络媒体传播企业或产品信息,宣传企业形象。作为广告,网络广告也具有广告的五大要素,即广告主、广告费用、广告媒体、广告受众和广告信息。网络广告的类型很多,根据形式的不同可以分为旗帜广告、电子邮件广告、文字链接广告等。

3. 网上销售促进

销售促进是一种短期的宣传行为。网络销售促进与传统促销方式比较类似,是指企业利用有效的销售促进工具来刺激顾客增加产品购和买和使用,网上销售促进主要有以下几种形式。

(1)有奖促销。有奖促销是指企业对在约定时间内购买商品的顾客给予奖励,有奖促销的关键是奖项对目标市场增加购买具有吸引力。同时,有奖促销能帮助企业了解参与促销活动群体特征、消费习惯和对产品的评价。

(2)打折促销。打折促销是指网络促销活动方为显示网络销售低价优势以激活网上购物,也为调动本网站购物的积极性,烘托网站的购物气氛以促进整体销售而采取的对所销售全部或部分产品同时标出原价、折扣率或折扣后价格的促销策略。

(3)返券促销。返券促销就是网上商店在商品销售过程中推出的"购××元送×元购物券"的促销方式。购物返券的实质是商家让利于消费者的变相降价,返券促销的目的是鼓励顾客在同一商场重复购物。

(4)电子优惠券促销。当某些商品在网上直接销售有一定的困难时,便结合传统营销方式,从网上下载、打印电子优惠券或直接通过手机展示优惠券,到指定地点购买商品时可享受一定优惠,或以所选择打印的电子优惠券上约定的优惠价格购买优惠券所指定的商品。

(5)赠品促销。赠品促销在网络促销中的应用不多。在新产品上市推广、产品更新、应对竞争、开辟新市场等活动中,利用赠品促销可以达到较好的促销效果。

赠品促销的优点包括提升品牌和网站的知名度,鼓励人们经常访问网站以获得更多的优惠信息,根据目标顾客索取赠品的热情程度,总结分析营销效果和产品本身的反馈情况等。

(6)积分促销。积分促销是指企业在网站上预先制定积分制度,根据网站会员在网上的购物次数、购物金额或参加活动的次数来增加积分,激发其参与活动的兴趣。企业通过积分促销能够与客户建立长期的关系。

第二节 农产品网络营销的方法

企业要进行网络营销,应当配备具有一定计算机网络知识和市场营销能力的复合型人才。单纯依赖于只具有传统市场营销能力的人才或只依靠计算机人才都是不可取的。

企业在具有兼备网络建设能力和市场营销能力的复合型人才后,整合企业资源,在企业原有市场营销的基础上,建设自己的营销网站,根据企业的发展定位、目标市场、企业的品牌形象等各要素制定合适的营销策略。以下是农产品网络营销开展过程可供借鉴参考的常用方法。

一、搜索引擎营销

搜索引擎营销是目前最主要的网站推广营销手段之一。它通过对网站结构、高质量的网站主题内容、丰富而有价值的相关性外部链接进行优化而使网站对搜索引擎及用户更加友好,以获得在搜索引擎上的优势排名。搜索引擎营销的主要目的是增加特定关键字的曝光率以增加网站的能见度,进而增加销售的机会。通俗的理解是:通过总结搜索引擎的排名规律,对网站进行合理优化,使企业的网站在百度和谷歌的排名提高,让搜索引擎给企业带来客户。

搜索引擎营销主要方法包括竞价排名、分类目录登录、搜索引擎登录、付费搜索引擎广告、关键词广告、搜索引擎优化(搜索引擎自然排名)、地址栏搜索、网站链接策略等。

二、病毒式营销

病毒式营销是一种常用的网络营销方式,常用于进行网站推广、品牌推广等,病毒式营销利用的是用户口碑传播的原理,在互联网上,这种"口碑传播"更为方便,可以像病毒一样迅速蔓延,因此病毒式营销(病毒性营销)成为一种高效的信息传播方式,而且由于这种传播是用户之间自发进行的,几乎不需要任何费用。

病毒营销的过程类似一颗小小的石子被投入了平静的湖面,似乎一瞬间只是激起了小小的波纹,转眼湖面又恢复了平静,但是稍候一下,你就会看到波纹在不断进行着层层叠叠的延展,短短几分钟后,整个湖面都起了震荡。这就是病毒营销的魅力。

三、社区营销

聊天群组营销是即时通信工具的延伸,具体是利用各种即时聊天软件中的群功能展开的营销,目前的群有 QQ 群、微信群、MSN 群、旺旺群、新浪聊天吧群、有啊群等。

聊天群组营销时借用即时通信工具具有成本低、即时效果和互动效果强的特点,被企业广泛采用。即时通信工具是通过发布一些文字、图片等传播企业品牌、产品和服务的信息,从而让目标客户更加深刻地了解企业的产品和服务,最终达到宣传企业品牌、产品和服务的效果、加深市场认知度。

四、"双微"营销

(一) 微博营销

利用微博可以进行个人微博营销和企业微博营销。微博营销的营销技巧体现在以下几个方面。

(1) 微博的数量不在于多而在于精。做微博时要讲究专注,因为一个人的精力是有限的,杂乱无章的内容只会浪费时间和精力,所以要做精,重拳出击才会取得好的效果。今天一个主题,明天一个主题,换来换去结果一个也做不成功。

(2) 个性化的名称。一个好的微博名称不仅便于用户记忆,也可以取得不错的搜索流量这跟网站取名类似,好的网站名称都是简洁、易记的。当然,企业如果准备建立微博,在微博上进行营销。那么可以取企业名称、产品名称或者个性名称来作为微博的用户名称。

(3) 巧妙地利用模板。一般的微博平台都会提供一些模板给用户,企业可以选择与行业特色相符合的风格,这样更贴合微博的内容。当然,如果企业有能力自己设计一套有自己特色的模板风格也是不错的选择。

(4) 使用搜索检索,查看与自己相关的内容。每个微博平台都会有自己的搜索功能,可以利用该功能对自己已经发布的话题进行搜索,查看一下自己内容的排名榜,与别人微博的内容进行对比。企业可以看到微博的评论数量、转发次数,以及关键词的提到次数,以此了解微博带来的营销效果。

(5) 定期更新微博信息。微博平台一般对发布信息的频率没有限制,但对于营销来说,微博的热度和关注度来自于微博的可持续话题,所以要不断制造新的话题,发布与企业相关信息,这样才可以吸引目标客户的关注。因为刚发的信息可能很快被后面的信息覆盖,所以要想长期吸引客户的注意,必须要对微博定期进行更新,这样才能保证微博的可持续发展。

(6) 善于回复客户的评论。企业要及时查看并回复微博上客户的评论,在自身被关注的同时也去关注客户的动态,既然是互动,那就得相互动起来,才会有来有往。如果企业想获取更多的评论,就要以积极的态度去对待评论,回复评论也是对客户的一种尊重。

(7) 灵活运用"#"与"@"符号。微博中发布内容时,企业可以在后面加入自己的见解。如果要把某个活跃用户引入,可以使用"@"符号,意思是"向某人说",如"@微博用户欢迎您的参与"。在微博菜单中点击"@我的",就能查看提到自己的话题。

(8) 学会使用私信。与微博的文字限制相比较,私信可以容纳更多的文字。只要对方是企业的客户,企业就可以通过发私信的方式将更多的内容通知对方。因为私信可以保护收信人和发信人的隐私,所以当活动展开时,发私信的方法会显得更尊重客户一些。

(9) 确保信息真实与透明。在搞一些优惠活动和促销活动时,当以企业的形式发布,要即时兑现,并公开得奖情况,获得客户的信任。微博上发布的信息要与网站上面一致,并且在微博上及时对活动进行跟踪报道,确保活动的持续开展,以吸引更多客户的加入。

(10) 不能只发产品企业或广告内容。有的微博很直接,天天发布大量的产品信息或者广告宣传等内容,基本没有自己的特色。这种微博虽然别人知道企业是做什么的,但是绝不会加以关注。微博不是单纯广告平台,微博的意义在于信息分享,没兴趣是不会产品互动的。企业应当注意话题的娱乐性、趣味性和幽默感等。

(二)微信营销

微信营销是一种现代低成本、高性价比的营销手段。与传统营销方式相比,微信营销主张通过"虚拟"与"现实"的互动,建立一个涉及研发、产品、渠道、市场、品牌传播、促销、客户关系等更"轻"、更高效的营销全链条,整合各类营销资源,达到了以小博大,以轻博重的营销效果。

微信"朋友圈"分享功能的开放,为分享式口碑营销提供了最好的渠道。微信用户可以将手机应用、PC 客户端、网站中的精彩内容快速分享到朋友圈中,并支持网页链接方式打开。微信开放平台和朋友圈的社交分享功能的开放,已经使得微信作为一种移动互联网上不可忽视的营销渠道,而微信公众平台的上线,则使这种营销渠道更加细化和直接。通过一对一的关注和推送,公众平台方可以向"粉丝"推送包括新闻资讯、产品消息、最新活动等信息,甚至能够完成包括咨询、客服等功能,形成自己的客户数据库,使微信成为一个称职的 CRM 系统。目前,商家和媒体等可以通过发布公众号二维码,让微信用户随手订阅公众平台账号,然后通过用户分组和地域控制,平台方可以实现精准的消息推送,直指目标用户,再借助个人关注页和朋友圈,实现品牌的快速传播。

第三节 农产品电商的发展——视觉营销

一、农产品视觉营销的定义

农产品电商视觉营销的表象是视觉呈现,其核心目的是营销,就是让受众通过视觉了解农产品和农产品品牌的同时最终达成交易,甚至成为该品牌的忠实顾客。农产品电子商务更讲究"用户体验",从销售的角度来讲,农产品网店视觉营销就是要塑造一个良好用户体验的网店,让目标客户容易进、容易看、容易懂、容易选、容易买、容易回的店铺,让农产品转化率与销售额产生直接联动。在农产品网店中,农产品的描述就是导购员,农产品网店视觉营销的理念就是达到顾客与农产品网店双方在买与卖之间均可获得方便的效果。

(一)容易进

对于店铺在全网的角度而言,"容易进"主要应用于淘宝常规的营销及推广手段,比如,优化宝贝标题提高自然搜索;投入直通车、钻展等付费引流;做好全网 SNS 和淘宝 SNS 的免费引流(淘宝 SNS 营销目前是淘宝营销的又一核心,是有效的营销推广方法);站外其他付费的引流等。然而这些推广中除了标题优化外,从某种程度上可以说各种方法都将是视觉化的引流方式。好的设计是让用户容易进入农产品店铺的关键要素。另外,对于进入店铺后,还有一层"容易进",即容易进入各个分类或各个主推的栏目频道,甚至容易进入主推农产品单品,视觉上有引导性地让用户跟着商家精心规划的店铺路径走。

(二)容易看

顾客进入农产品店铺就要尽可能留住他,除了农产品本身是否具有吸引力外,用户在浏览时,给他们的视觉呈现是很重要的,不论是农产品、广告还是文字,一定要让用户很容易地识别,从而最终达到有效传达的目的。

(三)容易懂

容易懂,主要是顾客要读懂你。因为你卖自己的农产品,对农产品了解是很到位的,然而要让顾客真正了解农产品才是关键。在网络零售中,要让顾客了解农产品,也就是相关视觉图片顾客要看得懂、文字要读得懂、卖点要真的懂。因为顾客的知识背景、人生经历、年龄大小等多方面的不同,要让大众都能读懂,就要把农产品的特点抽象成图、文甚至视频等形式呈现给顾客,让其轻松理解。

(四)容易选

容易选,主要涉及农产品的分类设置、导航引导、产品推荐等。产品分类好比商场或超市中的区域划分和商品陈列,如果它们随便规划和摆放,一定不利于用户的选购。因此,在视觉规划店铺时,就要做好导航条和导航区域的规划以及产品分类的规划,从而方便顾客查找和购买。

(五)容易买

从技术层面,对于农产品电子商务网站设计而言,购买的点击设计还是比较容易的,比如"立刻购买"或"放入购物车",同时要在后续流程中注意用户的习惯。然而对于用户体验上的"容易买"就涉及较多的方面了,以上几点从广义角度看,也属于容易购买的范畴,而具体要注意以下几点。

(1)农产品店铺中的广告是否都链接到相应的产品页。

(2)农产品具体的产品页是否帮用户考虑到搭配套餐的选择。

(3)农产品产品页中的关联销售是否有必要,尽量去除无关的、非关联的广告。

(4)产品页的图片尺寸和大小是否有优化,是否利于用户快速打开阅读。

(六)容易回

容易回,主要涉及两个方面,一方面,从情感上要让其对农产品店铺及农产品品牌留下深刻的印象并记住;另一方面,让"店铺收藏"尽量明显或是和别人的不一样,让用户容易收藏你的店铺,当然还可以设置"店铺收藏有礼"的方式,吸引用户收藏。

农产品网店视觉营销的目的是营销,而最终意义是为了促成交易,提高销售额。好的视觉营销是提高网店销售额的关键要素之一。有人可能会问:不是说产品是核心吗?是的,产品应该是任何购买行为的基础,但也不是全部,有的时候该产品可能并不是自己完全需要的,而在有效的视觉营销后,让人产生了购买欲望,甚至觉得不买就亏了,最终下单购买,同时还是可能为亲友推荐该产品。这些当然是所有的卖家想要达到的效果,因此,卖家一定要把视觉营销提高到产品运营的首要环节中。

从某种意义上说,网上卖农产品就是卖图片。再好的产品或服务,在网络零售中如果没用好的视觉表达出来,也将无人问津;而普通的产品(产品质量一定要没问题)通过有效视觉表达,也能吸引受众,甚至成为爆款。

农产品视觉营销主要优势如下:

(1)提高流量。好的视觉广告图能吸引用户的眼球,这一点从直通车、钻展以及站内外推广的点击率数据上能明显看出来。

(2)提高转化率。好的产品描述页能够吸引用户认真看、仔细看,勾起用户的购买欲望,产生购买转化,这点毋庸置疑。

(3)提高客单价。好的视觉营销店铺路径、适当的店内广告位以及描述页、必要的关联营销等,都将成为提高客单价提供机会。

(4)好的视觉效果也会给用户更多的信任感,能让用户记住它,提高用户的回头率并对店铺的品牌提升奠定了基础。

二、农产品电商视觉营销的原则

对于当下竞争如此激烈的电商市场,充分地利用视觉营销的手段来吸引潜在顾客的关注来刺激消费。通常我们可以通过运用图片、色彩、文字来打造视觉营销。但是,当然你在吸引别人眼球的情况下可别忘记了塑造自己网店的形象。具体来讲,电商视觉营销有以下三大原则。

(1)原则一:目的性。网店本身就是虚拟的店铺,你主要吸引客户购买的兴趣也就是那么几点,其中视觉上的冲击基本是整个环节里面最重要的部分。所以第一点就需要把图片摆放合理。接下来我们要分析目标客户群的需求,针对产品属性和特色用最明确的图片表达出来,让别人一眼就能看出来效果和产生购买的欲望。

(2)原则二:审美性。我们始终要注重视觉感受,假如就连自己看起来都不舒服的店面,想想别人又怎么会下单购买呢?要记住我们的店铺不能把它开好了就不管其他了,那样即使你第一次设计的视觉效果比较好,产生了购买销量,但时而久之你的店铺也会给人造成一种审美疲劳,让人"无心下手"购买。一定要在定期的活动中更换精美的店铺布置,让客户们每次来都有一个很好的心情,这样更容易形成一种购买的良性循环。

(3)原则三:实用性。在视觉营销的实用性上我们首先要注意视觉应用的统一,不要在网店里做五花八门的装修。然后要利用巧妙的文字或者图片说明让客户很容易熟悉店铺的操作功能和了解产品的结构图,如果产品线紧密结合的,就一定要注意环环相扣的实用性,不能让商品东一个栏目西一个栏目,这样不仅客户购买很费劲,还会导致销售额很"费劲"。其实实用性就是服务好顾客的需求,权衡好可操作性。

视觉营销一定要讲究顾客最需要什么,就把需要的产品的信息放在最前面,用简单的话来说就是做好视觉是手段,营销是目的。

三、农产品电商品牌视觉营销

(一)农产品电子商务品牌的风格定位

整个农产品店铺形象代表着品牌风格,是以最直接的方式的向消费者传递品牌文化信息。这个传递效率的把控决定了转换率的高低,也就直接影响着销售的成绩。

一个好的品牌风格定位一定要遵循的一个原则,就是对准消费群体,认清自己品牌的消费层次与人群,把握自己的优势。从视觉营销的角度上来说,电商品牌的视觉效果,在符合品牌产品定位的基础上,还要考虑更多细小的划分,分别从性别、年龄、环境、地域、功能等逐一排查核对。电子商务品牌的准确定位,不但直接吸引客户浏览商品,还间接地宣传了品牌文化,是品牌在消费者心中具有一定影响力。

(二)视觉设计的统一化

农产品电子商务品牌有了先一步的精确定位,接下来就是统一化的视觉设计了。这个统一性是各个方面的。具体到设计标志、颜色、布局、模板等，就是一套该电子商务品牌的形象设计系统。形象设计的导入有助于提升电子商务品牌的凝聚力，大大提升品牌力量。品牌的视觉设计效果必须还要同营销手段统一。每个店庆促销活动时，也要坚持品牌的统一性。要注重整体的视觉效果，不要给顾客一种杂乱无章的视觉效果，要将品牌文化和产品信息直接地传输给消费者。

（三）版式设计规整化

具体到视觉设计和一般纸质媒介设计有所区别。栏式结构排版是网页设计常用样式，栏式排版主要通过竖分方式分隔页面信息，分栏主要是根据电子产品的信息，同时结合页面设计效果。根据我们日常所见大型门户类网站，传统的三栏式排版形式是他们通用的排版形式。不拘泥于传统的页面布局，创造不同布局、质感与肌理和风格的设计，是电子商务网络营销中视觉艺术的能力和可能所在。需要说明的是，有效表达视觉设计，增强网页信息的效果生动新颖地表达电子商务信息的页面，进而利于商务信息的有效传播。

（四）电子商务中的交互性

相对传统静态的网页，基于人们生理和心理特征的新视觉设计以动态交互式为特点，具有趣味性、交互性、个性化特点。迎合现代高速发展的信息技术，网页设计、表现形式与设计风格随之不断延展。在视觉艺术层面上，设计师首先要考虑网页设计中字体、配色、版式等视觉设计的基本元素的合理运用，在信息技术层面，设计要考虑的是视觉设计如何适应新技术条件下的网页革新需求；涉及网页平台上商务电子信息与用户之间的沟通，这种沟通有别于传统传播媒介，是互动交互式的。

农产品电子商务品牌如果在运转中不注重视觉的效果与影响，并将无法在广大的平台中脱颖而出。

第四节 淘宝直通车的操作运用

直通车是为淘宝卖家量身定制的，按点击付费的效果营销工具，实现宝贝的精准推广。淘宝直通车推广，在给宝贝带来曝光量的同时，精准的搜索匹配也给宝贝带来了精准的潜在买家。淘宝直通车推广，用一个点击，让买家进入店铺，产生一次甚至多次的店铺内跳转流量，这种以点带面的关联效应可以降低整体推广的成本和提高店铺的关联营销效果。同时，淘宝直通车还给用户提供了淘宝首页热卖单品活动和各个频道的热卖单品活动以及不定期的淘宝各类资源整合的直通车用户专享活动。直通车对于中小卖家的意义不言而喻，它其实就是一个付费买流量的工具，按点击付费的效果为卖家实现宝贝的精准推广。

一、认识直通车

（一）直通车的位置

在淘宝里，随便搜一个类目，比如"红薯"，正面、侧面、底部，凡标注"掌柜热卖"的产品，都是直通车的位置，如图4-1、图4-2、图4-3所示。

图 4-1 直通车正面位置

图 4-2 直通车侧面位置

图 4-3　直通车底部位置

在手机淘宝里搜索,凡出现"HOT"标识的,均为直通车位置。这里需要强调的是手机宝的直通车位不是扎堆出现,第 1 个是直通车位,接下来 20 个都是自然搜索,然后是第 2 个直通车位,以此类推,如图 4-4 所示。

图 4-4　手机直通车位置

(二) 直通车的目的

1. 测试

任何一个爆款的数据,点击率必须足够,不能用感觉去评判一个产品的点击率,这时只能通过直通车去作测试,用数据说话。不管是标品、非标品,都需要去测试,标品偏向于测试配图,非标品偏向于测试款式。

2. 养权重

高权重的词是可以掌控 PPC（点击付费广告）的,低价卡首屏就是因为质量分远高于10分而能完全掌控展现和排名,这种计划不是每一个新账户都有,需要卖家做累积,养权重。

3. 打爆款

当宝贝测图、测款的数据都符合,权重分也养起来之后,接下来就开始冲销量、提升日销额,疯狂"飙车"打造爆款。

4. 提升 ROI（投资回报率）

提升 ROI 是直通车的一个优化期,由亏钱直通车转化为盈利直通车。

$$ROI = 产出/投入$$

不要去问行业的 ROI 能做到多少,因为哪怕同样卖的是 A 产品,有人拿货 100 块,对方拿货 95 块,那么对方的 ROI 就比你好做。那么,这个产品 ROI 做到多少才算挣钱?

$$ROI 盈亏值 = 利润率的倒数$$

例如,商品成本 50 元,卖 100 元,那么利润就是 50%,ROI 就是 50%的倒数 2,也就是说,当 ROI 做到 1∶2 的时候,直通车才是不赚不亏。当 ROI=1∶1 时,推广花费 100 元,卖了 100 元,此时就亏了 50 元的成本。

(三) 直通车的扣费原理

公式如下:

$$所扣费用 = 下一名出价 \times 下一名质量分/商品的质量分 + 0.01$$

PPC 和质量分有关系,但你不知道下一名的出价和质量分,要提高出价,就必须要提高自己的点击率。影响质量分的要素主要是点击率、转化率、收藏加购率等,最主要的考量数据就是点击率。

质量分有三个要素:创意质量、相关性和买家体验,如图 4-5 所示。如果这三个指标没有满格,就要针对性地做一些优化。就相关性来说,点开旁边的创意,当这些关键词都在这个创意标题里面,它的相关性就是满格的。

图 4-5 质量分

直通车是按照点击去扣费的,实际是按照商家的展现去收费。直通车展位点击一次产生一次扣费,但它只提供展现,淘宝卖的是展现,收费却是按点击。淘宝只能为商家提供商品展现,不能保证商品的点击率。

二、直通车标准计划建立

(一)直通车的账户计划

推广计划一般只有 8 个,而且一旦建立就删除不了。推广计划名称必须写好,不推广也可以先建一个计划放在那里。做一个目的的时候,比如测款、测图,就可以选择一个 14 天没有操作的计划进行。

(二)建立新计划

在新建宝贝推广中选定想要推广的产品,有日常销售、宝贝测款和自定义目标,如图 4-6 所示。

日常销售多数指标是系统匹配的,适合刚接触直通车的卖家。

宝贝测款与日常销售差不多,主要以测款为主进行"开车"。

自定义目标一般是"老司机"的选择,自定义可以设置主图、标题等。这里需要注意的一点是,默认的标题就是宝贝的标题,可以选择性地删减关键词。

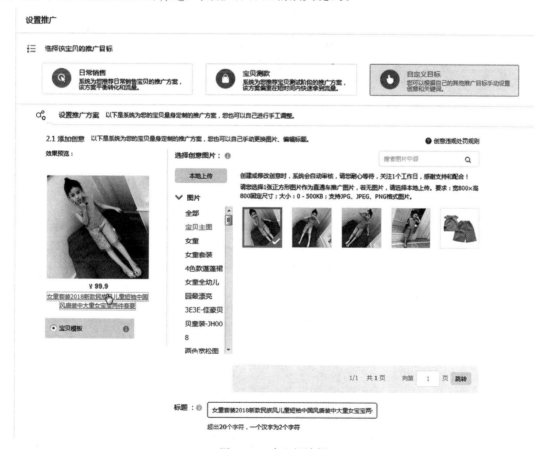

图 4-6 建立新计划

(三)四大设置

四大设置如图4-7所示。

图4-7 四大设置

1.设置日限额

设置日限额如图4-8所示。日限额中包含标准投放和智能化均匀投放,两者最低投放标准为30元,最高不限。标准投放,如果前期做测款、测图养权重的时候,不建议做智能均匀化投放,打爆款的时候可以做;当直通车"开"到不用进行调整时可以选择。

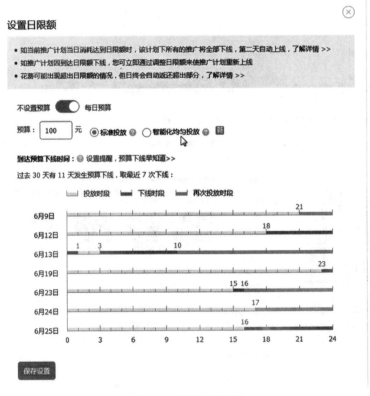

图4-8 设置日限额

标准投放设置具体时间,比如早上9点到晚上9点,选择标准投放,可能9至12点就"烧"完了。但如果选择智能均匀化投放,可能会"烧"到下午4点,因为这是系统均匀化去作推广。

2.设置投放平台

投放平台主要包括PC端和移动设备。搜索推广是系统默认的投放,当然可以拿出5分钱选择不投放;定向推广是PC端定向推广,投放平台设置如图4-9所示。

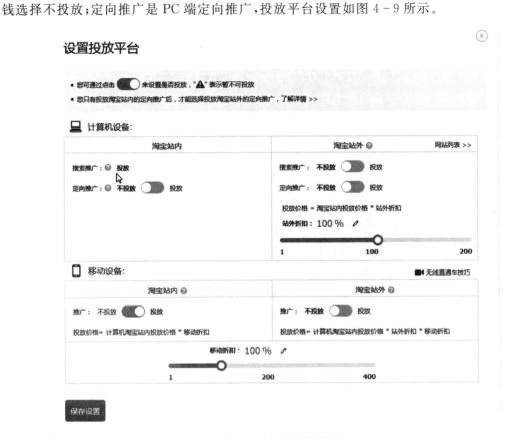

图4-9 投放平台设置

移动端也一样,可以看到有一个移动折扣,如果设置的是100,实际PC端出价1块钱,那就是1块钱;如果设置200%,那么出价1块钱,实际就是扣掉2块钱。

以上是投放平台的基本设置,中小卖家保持上图的设置就可以了,移动端站内一定要开,其他可以不开,折扣保持100%。

3.设置投放时间

图4-10是设置投放时间为从凌晨到上午9点,都是95%的折扣,如果设置1块钱,这个时间段内实际扣9.5元,灰色部分都是100%。

也可以细分到每一个时间段,每半个小时就可以设置不同的折扣比例,不同的比例其设置的颜色不一样,如图4-11所示。如果设置错误,可以清空,或者另存为一个模板。行业模板是可供选择的,但这些行业的设置都差不多。建议选择全日制投放,根据店内品种按照不同的进店时间作投放,如图4-12所示。

4.设置投放地域

投放地域设置如图4-13所示,涵盖了全国每一个城市,勾选表示这个省份的城市全选,也可以根据自己类目的情况进行选择。港澳台和国外地区一般不投放,因为转化很少,展现也很少。

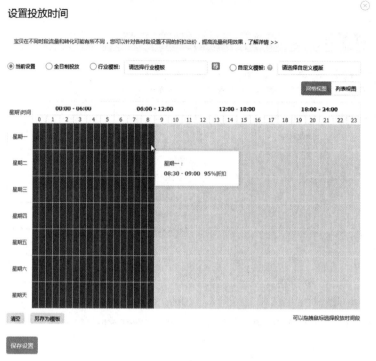

图 4-10　投放时间设置

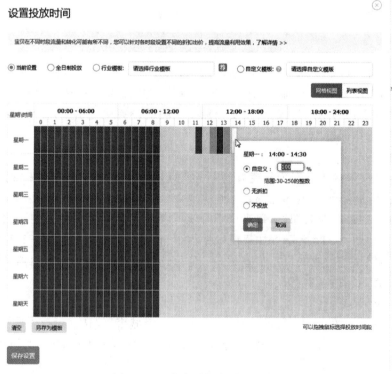

图 4-11　半小时投放时间设置

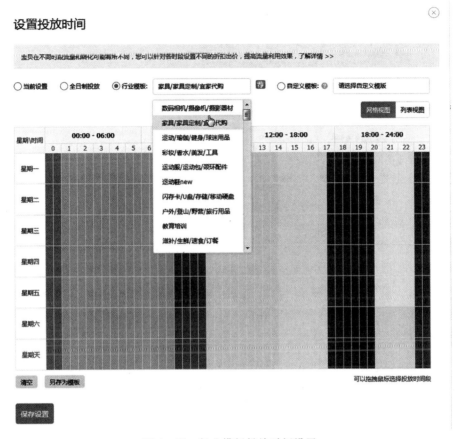

图 4-12 行业模板投放时间设置

(四)关键词推广

当设置好四大设置后,就可以在宝贝推广里看到宝贝,点击宝贝,进一步设置宝贝关键词推广计划。

1. 关键词

打开直通车一定要先明确目的,然后根据目的建立计划。如果是新品,就要测款,测款就要找关键词,因为买家是通过关键词进店的,关键词推广如图 4-14 所示。

当选择关键词,发现有些词出价太高时,可以根据自己情况进行调节。相关性越高越好,展现指数量力而行,越高的不一定越好,点击率到 50% 的可能展现很少,这里面有很多因素,一般不太熟悉、没有数据不要调太多。出价低、竞争指数低、点击率高、转化率也高的词就是好词,默认出价为 0.1 元,可以自定义出价,或者按照市场平均价出价。关键词添加如图 4-15 所示。

除了选择系统已给出的词,也可以手动添加关键词,直接在左侧窗口输入要推广的词即可。选好关键词之后,就会出现如图 4-16 所示画面,可调整关键词推广价格。

2. 人群

关键词旁边有精选人群设置,人群分为淘宝首页潜力人群、店铺定制人群、淘宝优质人群、大促活动人群和自定义人群,一般前面几个的溢价按照建议溢价就可以了,其他几项根据实际

图4-13 投放地域设置

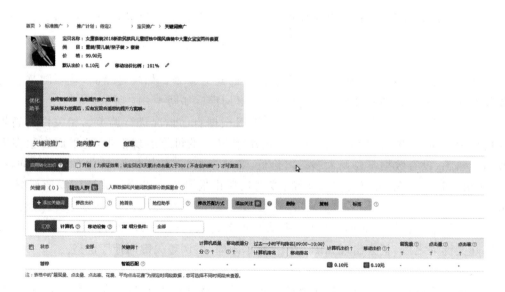

图4-14 关键词推广

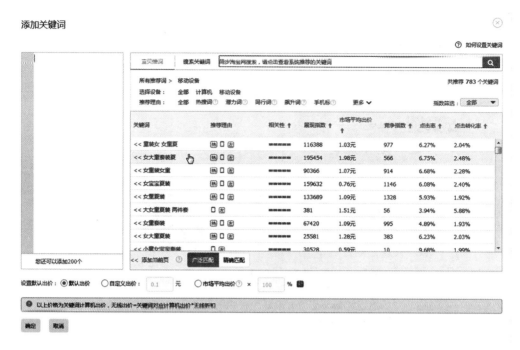

图 4-15 关键词添加

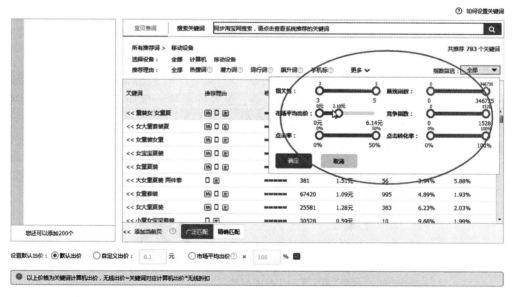

图 4-16 关键词推广价格调整

情况进行选择。

一般人群是指自定义人群,添加访客人群如图 4-17 所示。自定义人群有人口属性人群和天气属性人群。天气属性人群主要是一些与天气变化有关的类目常用的,比如雨具、遮阳伞等,这类数据波动比较大;人口属性人群是比较重要的,首先要养成写清楚名称的习惯,右侧覆盖人群数与关键词有关系,与出价没有关系。关键词决定了产品的渠道流量、人群,再如何优化,都要根据关键词进行调整。那么什么是一级、二级、三级人群呢?

图 4-17 添加访客人群

如图 4-18 所示,以上这些指标中,纵向勾选 1 个就是一级人群标签,勾选 2 个就是二级人群标签,3 个就是三级,4 个就是四级,5 个就是五级人群标签。纵向来说,勾选的标签越多,覆盖人群就会相应减少。横向是叠加,纵向是交集。

图 4-18 不同级别人群的勾选

(五)创意

创意分为添加实验创意、添加创意和流量分配,添加创意又分为智能创意和静态创意。如图4-19所示。

图4-19 创意

智能创意是系统的标准动态匹配,可以设置自己的营销方案,可输入1~3条文案,若不填写则展示系统标准文案,如图4-20所示。这类创意设置只有移动端才有,一般不建议选择。

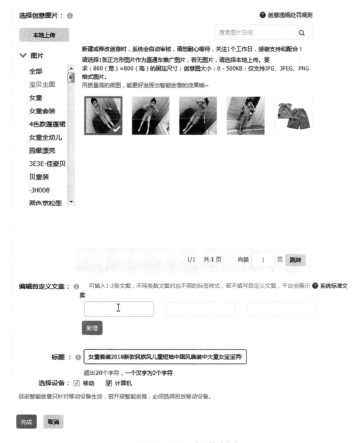

图4-20 智能创意

静态创意就是通常所说的创意,在前面添加宝贝时就会出现该设置页面,如图4-21所示。

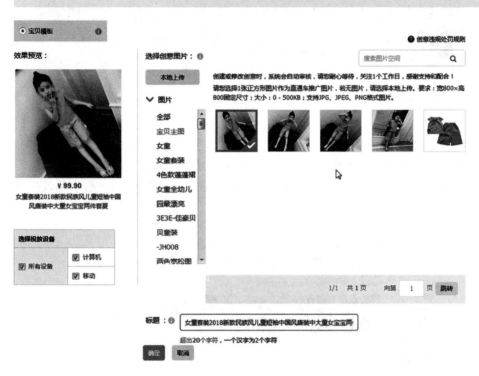

图4-21 静态创意

该创意设置的标题为了满足字符要求,可以写"买一送一/先到先得/热销1000件"这种标题,如图4-22所示。

流量分配分为优选和轮播。优选就是体现在创意中,它会优先展示点击率较高的、数据较好的宝贝;轮播就是平均分配。优选的权重一般来说比轮播要高。如图4-22所示。

(六)定向推广

定向推广一定要把推广计划名称改为定向计划,可以在名称中加上日期,这样方便管理。定向推广和关键词推广是两个不同的渠道,选择定向推广是为了得到手机淘宝首页的流量。定向位置在"手机淘宝首页—猜你喜欢"里,有"HOT"标的就是直通车的位置,如图4-23所示,点击进入,直通车定向流量加1,而没有"HOT"标的位置是正常的流量。

图 4-22　静态创意标题

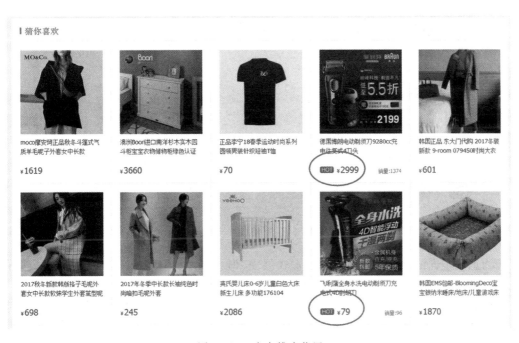

图 4-23　定向推广位置

直通车定向推广主要是提升流量,关键词推广和定向推广一定要分开设置,其逻辑是"宝贝找人",而不是人通过关键词去找宝贝,如图 4-24 所示。

图 4-24　定向推广设置

智能投放相当于定向推广的一个"总闸",只有打开了定向才能有流量。这里的流量非常大,一般设置 1 元就足够了。

访客定向是设置"喜欢我店铺的访客"和"喜欢同类店铺的访客",如图 4-25 所示,覆盖人群的多少和关键词是没有关系的,这与店铺定向权重本身有关。

图 4-25　访客定向

购物意图定向的设置是以关键词的形式展现,但它不是关键词,而是一个人群包,是有购买产品意图的人群,但并非是只购买该产品的人群。如图 4-26 所示。

前期做定向设置时,访客定向和购物意图定向是没有打开的,当流量进来之后,再分别进行设置,如图 4-25、图 4-26 所示。

图 4-26 购物意图定向

三、权重

直通车的权重分为账户权重、计划权重、宝贝权重和创意权重等四部分,它是一个从下往上的积累过程。

账户权重就是直通车账户的一个整体权重。

计划权重是建立的计划,如图 4-27 所示,这个计划包含了两个宝贝的权重,一个宝贝的权重比另外一个宝贝权重低,那么就拉低了整体计划的权重。所以一个计划里的多个宝贝,不建议差别太大。

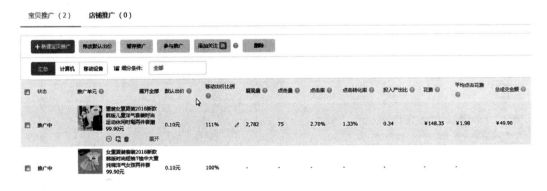

图 4-27 计划权重

衡量一个宝贝的权重,主要是看质量分如图 4-28 所示,质量分 9 分、10 分都是不错的。影响宝贝权重的因素主要是点击率、收藏加购率、转化率等。

关键词在创意上的权重表现累积为创意权重,因为有创意图片、创意标题,所以不能称为关键词权重,而是统称为创意权重。

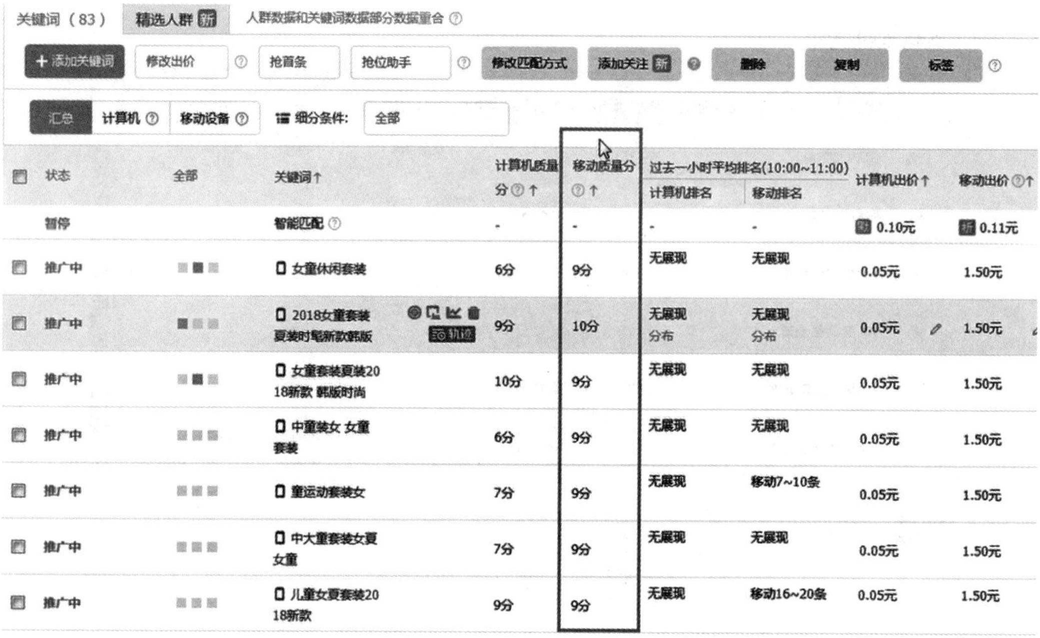

图4-28 宝贝权重质量分

四、工具——流量解析

直通车设置中工具用得最多的是流量解析。

1. 市场数据分析

关键词的流量数据分析操作方法如下:在搜索框中输入"女童套装",可以看到女童套装过去7天的展现指数、点击指数、点击率、点击转化率、市场均价搜、竞争度等如图4-29所示。值得注意的是,这个展现指数与生意参谋的展现指数是不一样的,一个是阿里妈妈的,一个是阿里巴巴的。

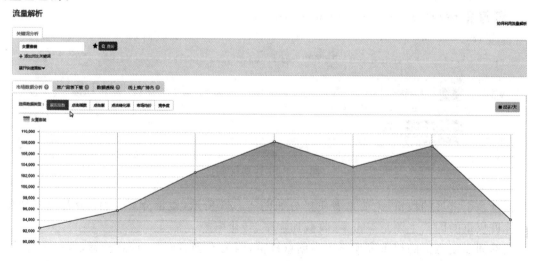

图4-29 流量解析

也可以查看过去一年的数据,如图4-30所示可以看到这款宝贝过去一年的点击率大概在2.5%左右。

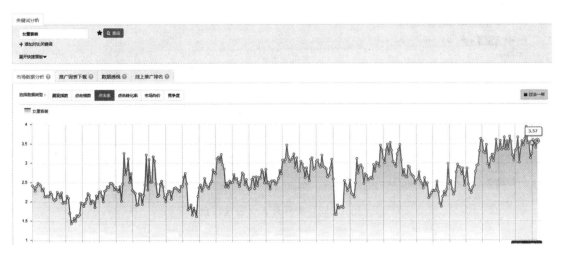

图4-30 点击率

另外,在打造爆款时,何时上何款,也可以在流量解析里得到答案。如图4-31所示,"女童套装"在8月5号时处于低谷期,8月底9月初的时候迎来高峰期,那么在推广这款宝贝时,不一定是在8月初,因为7月底时也处于高峰期,可以提前进行布局。

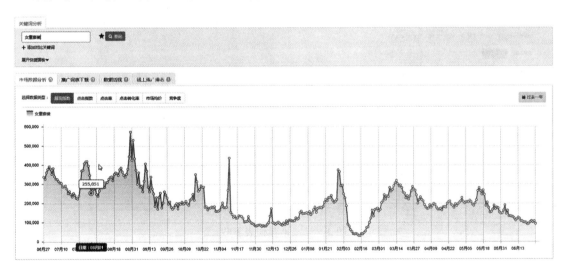

图4-31 展现指数

再如在搜索框中输入"女仔外套女"其展现指数如图4-32所示。

其中展现量显示6月份买牛仔外套的很少,但是到8月底就有明显上涨,因此要推广类似宝贝,在这个时间之前就要开始布局。如果没赶上,也可以在1月中下旬开始布局产品,这样有可能迎来新的高峰期。

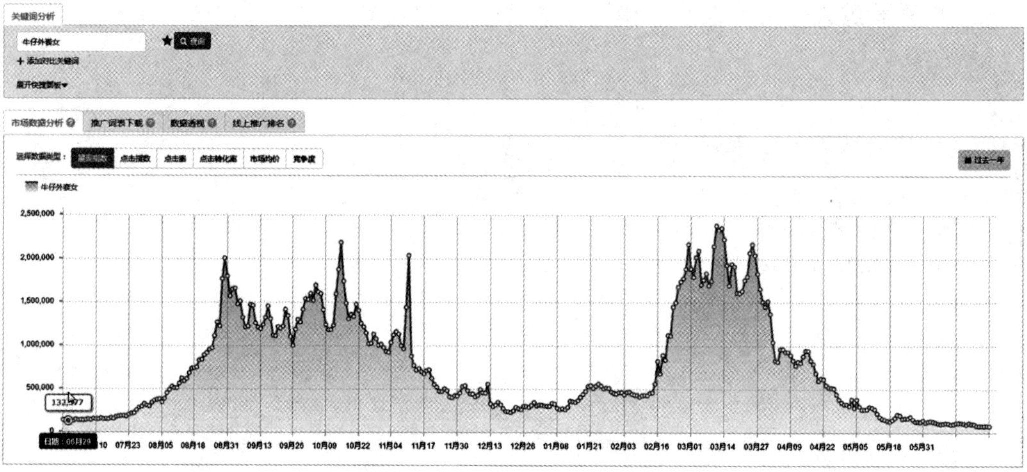

图 4 - 32　女仔外套女展现指数

2. 推荐词表下载

如图 4 - 33 所示，搜“牛仔外套女”可以看到这个关键词的行业点击率是 2.27%；如图 4 - 34 所示，还可以看到它所属类目的行业点击率为 4.56%，因此想要做到点击率是行业的 2 倍，就要做到 9%的点击率。

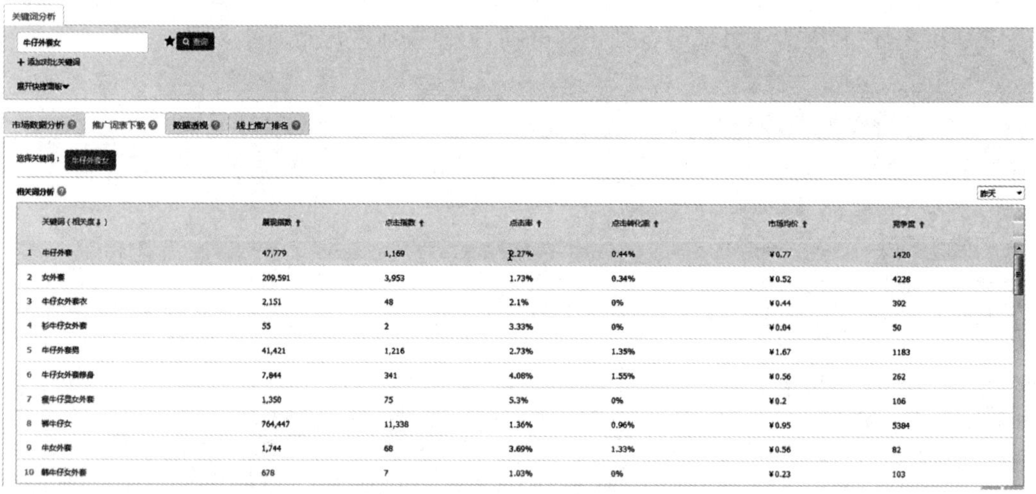

	关键词（相关度）	展现指数	点击指数	点击率	点击转化率	市场均价	竞争度
1	牛仔外套	47,779	1,169	2.27%	0.44%	¥0.77	1420
2	女外套	209,591	3,953	1.73%	0.34%	¥0.52	4228
3	牛仔女外套衣	2,151	48	2.1%	0%	¥0.44	392
4	衫牛仔女外套	55	2	3.33%	0%	¥0.04	50
5	牛仔外套男	41,421	1,216	2.73%	1.35%	¥1.67	1183
6	牛仔女外套修身	7,844	341	4.08%	1.55%	¥0.56	262
7	瘦牛仔显女外套	1,350	75	5.3%	0%	¥0.2	106
8	裤牛仔女	764,447	11,338	1.36%	0.96%	¥0.95	5384
9	牛女外套	1,744	68	3.69%	1.33%	¥0.56	82
10	韩牛仔女外套	678	7	1.03%	0%	¥0.23	103

图 4 - 33　推荐词表下载

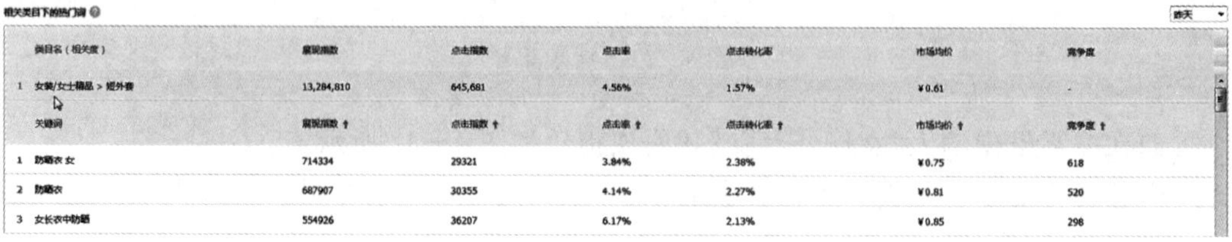

相关类目下的热门词

	类目名（相关度）	展现指数	点击指数	点击率	点击转化率	市场均价	竞争度
1	女装/女士精品 > 短外套	13,284,810	645,681	4.56%	1.57%	¥0.61	-
	关键词	展现指数	点击指数	点击率	点击转化率	市场均价	竞争度
1	防晒衣 女	714334	29321	3.84%	2.38%	¥0.75	618
2	防晒衣	687907	30355	4.14%	2.27%	¥0.81	520
3	女长衣中防晒	554926	36207	6.17%	2.13%	¥0.85	298

图 4 - 34　其他类目关键词表下载

3. 数据透视

如图4-35所示,数据透视中包括地域透视、流量透视和竞争透视。在地域透视里可以选择时间和其他不同的指标,但是建议不要选择澳门、西藏、青海,这些省份虽然看起来点击率很高,实际上展现很少。

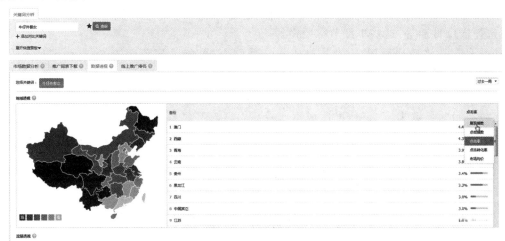

图4-35 数据透视

流量透视如图4-36所示,流量透视分为淘宝站内、站外、计算机设备、移动设备。首先看展现比例,如果移动设备占了50%以上,那就尽量将宝贝投放到无线端。有些类目PC端占比

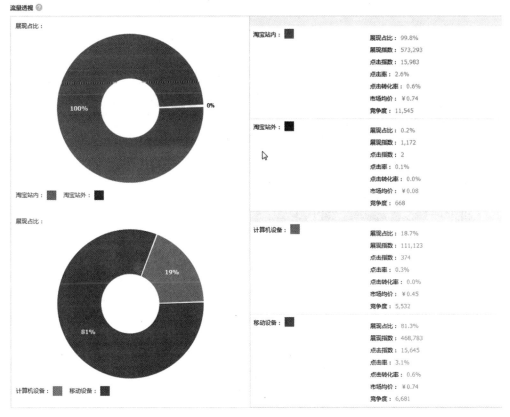

图4-36 流量透视

可能达到80%~90%，那么直通车推广计划就直接做PC端即可。

流量解析有一个快速入口，就是在宝贝推广计划里直接点关键词，即可进入。

五、直通车产品布局

(1)从计划名称开始，就要对这个计划进行定位，是引流还是测款，是A产品还是B产品，如何选择推广日期等，这些小细节都要做好。

(2)测完款之后会看到，有些产品点击率特别高，可能是配图比较好；有些产品点击率很差，但加购好；还有一些点击率好、加购也好的，这种就是天然爆款，有时可遇不可求，一定要主推。点击率高的就可以作为引流款，或者作定向推广。

(3)利润款是点击率一般，推广成本比较高，可能PPC也比较贵，但是卖一款赚一款。根据款式数据表现的不同，针对操作的方法和技巧也是不同的，主要是区分产品，同时根据产品的渠道做布局，是通过关键词还是定向，是PC端的流量还是无线端，是站内还是站外，这些都要区分开，千万不要统一打包放在一个计划里面。

第五节 京东快车的操作运用

京东快车是一个相对公平的付费推广工具，只要点击率高，出价适当，就会得到展位，不用担心综合排名排序的压力。

在京东快车中建立一个推广计划的相关设置如图4-37所示。

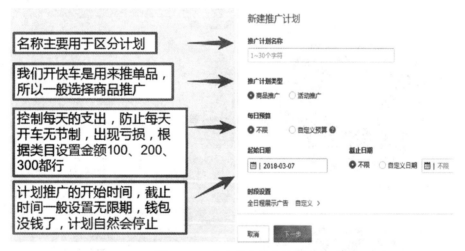

图4-37 京东快车推广计划

一、京东快车整体结构

(一)出价

可以选择某一个或者选择多个时间段后，弹出分时折扣设置窗如图4-38所示，这时可设置相应的时段折扣系数。

(1)自定义：允许输入30~500范围内的折扣系数；

(2)无折扣:即折扣系数为100%;

(3)不投放:即不在该时段内投放广告;

(4)其他说明:分时折扣系数和出价的关系;

(5)最终出价=x%×出价,其中 x 为分时折扣系数,若 x=100,即为无时段折扣。举例说明:若分时折扣系数为50%,关键词PC端出价6元,无线出价系数为3元,那么该关键词在该时段内无线端出价为:

无线端出价=50%×6×3×(1+人群溢价系数)×(1+抢排名溢价系数)

图4-38 快车出价

(二)地域

定向地域(选填),默认为全网地域不限地区,选择"特定区域"需勾选具体城市,数量不设上限,如图4-39所示。特别说明:商家可针对商品特性、季节性、地域性等品牌个性因素选择本单元的地域定向。比如宠物主粮就可以将华北地区的邢台等地去掉,家具类目可以将徐州等地去掉,根据类目自行调整。

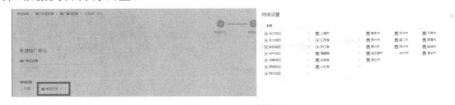

图4-39 地域设置

(三)人群定向

人群定向,即定向推荐人群,是根据店铺近30天或近90天内有过购买、加购、关注,或者是浏览过但是最后购买了竞争商家的商品的这些人群,根据曝光量的预估,可自定义选择人群,如图4-40所示。

图 4-40 人群定向设置

(四) 人群选择

京选人群(如图 4-41 所示),即通过行业投放积累的大数据分析更适合品牌类目投放的目标用户,可以减轻自建人群工作量,还可以捕捉流量红利,争取更好的广告投放效果。

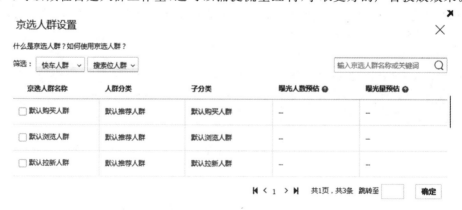

图 4-41 京选人群设置

举例说明：DMP(数据管理平台)人群设置如图 4－42 所示，DMP 人群是目前最常用的自建人群，可以选择目前有的推荐人群(比如宠物类目，推荐的是双十一大促销时所积累的高消费的/铁杆的/使用优惠券的人群)，例如一些曝光量还可以的人群，也可以作为新建人群。

DMP人群设置

刷新 当前DMP人群数：9个 新增DMP人群 >

输入DMP人群名称

DMP人群名称	曝光人数预估	曝光量预估
潜力	7,980,105	609,357,965
双十一猫粮类目铁杆用户	0	0
双十一狗粮类目铁杆用户	0	0
双十一猫粮大促购买用户	91,175	12,092,205
双十一狗粮大促购买用户	167,095	22,021,610
双十一猫粮高消费人群	174,420	28,104,620
双十一狗粮高消费人群	320,860	53,824,190
双十一猫粮类目优惠券人群	12,945	2,220,345
双十一狗粮类目优惠券人群	13,000	2,232,415

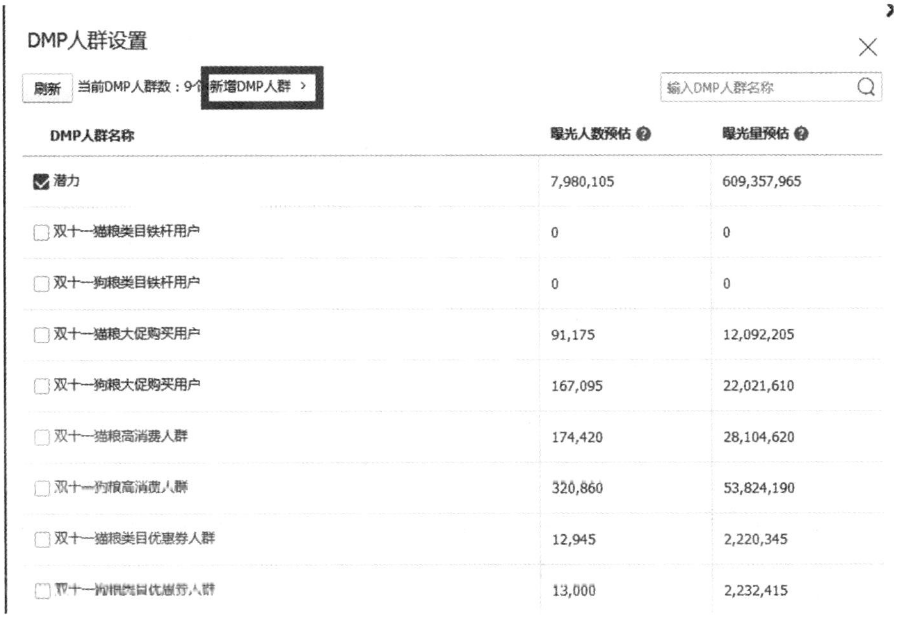

图 4－42 DMP 人群设置

(五)行为标签

如图 4－43 所示，行为标签里有核心人群、意向人群、潜在人群、竞品人群，每个人群标签里的产品品牌、SKU(库存进出计量的基本单元)，可以选择本店，也可以选择首页销量较好的其他品牌商品，其设置如图 4－44 所示。

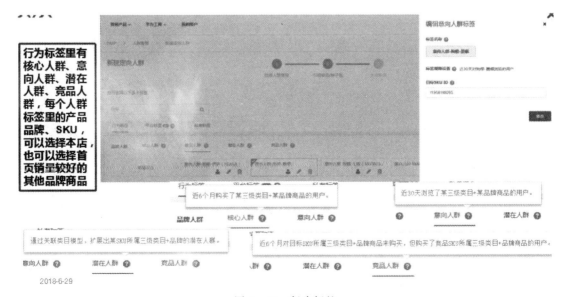

图 4－43 行为标签

图 4-44 行为标签设置

商品推词设置如图 4-45 所示，SKU 推荐关键词在搜索框中输入开车产品主推 SKU 即可，推词理由可选优质词、相似词、行业词。

图 4-45 商品推词

核心拓词即核心关键词。在搜索框中输入"鞋柜"时，搜索出来的词必定要包含"鞋柜"，如鞋柜玄关、鞋柜实木等。

历史用词为最近使用过的关键词，其设置如图 4-46 所示。

注意：在挑选关键词的时候不是随意选择或者盲目选择，要根据关键词的搜索量、点击率、转化率、竞争激烈程度去进行选择。

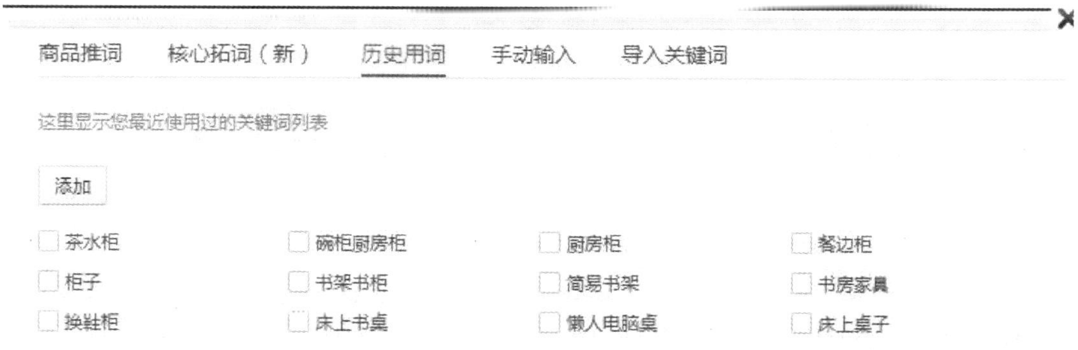

图4-46 历史用词设置

(六)CPA(按行为付费)出价要求

CPA(按行为付费)出价要求如图4-47所示,其中推广创意即快车车图,要单独去做车图,车图对点击率有很大的帮助,提高转化率;车图需要京东审核,所以车图要遵循快车创意图规范;如果不使用车图,系统默认的是产品主图。

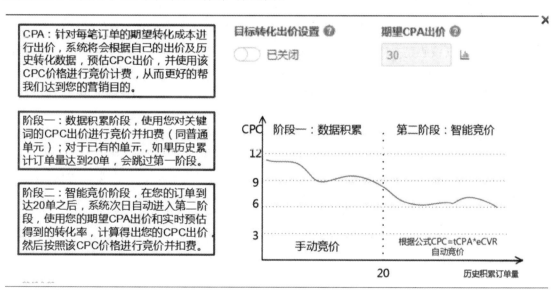

图4-47 CPA出价要求

(七)影响质量得分的因素

影响快车质量得分的因素主要有如图4-48所示的三种因素:基础质量分、相关性得分、计划质量分。

二、整体优化

整体优化方法主要从以下四个方面进行:

(1)点击率,其核心点就是"关键词定向、大词精准玩、短语高出价",三种匹配模式流量大小依次为:切词>短语>精准。

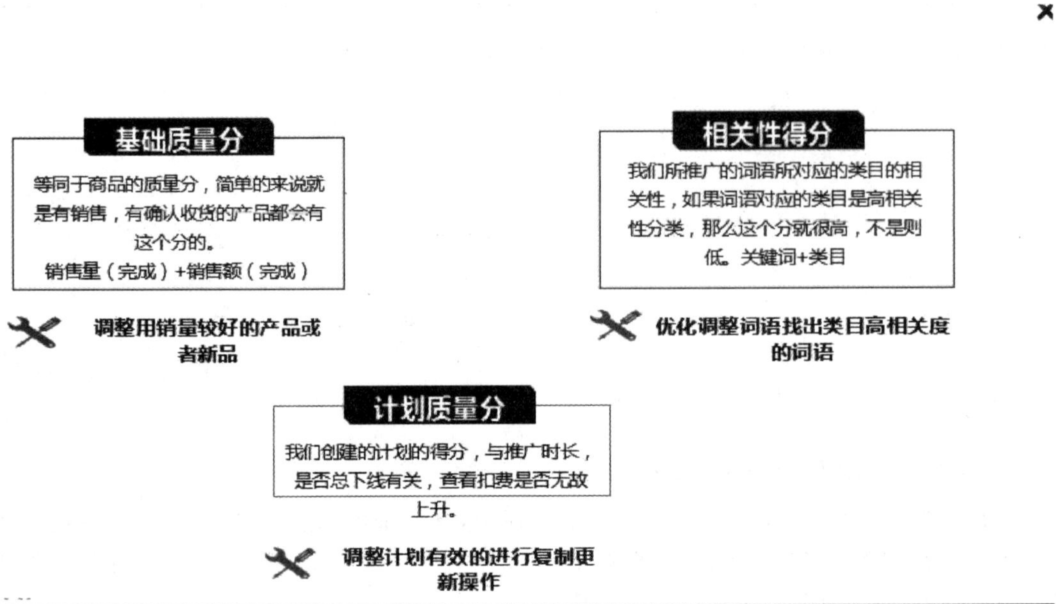

图 4-48 快车质量分影响维度

(2)转化率,其核心是车图、主图、详情页、评价晒图的无缝连接,适合的促销优惠,副标题的提醒,优质晒单置顶。

(3)ROI 包含精准人群、精准区域和时间、精准广告位置(出价)、转化率影响、关联销售、客单价。

精准人群应注意买家购买分析,即买家特征分析,成交占比、客单价占比、来访时间,成交时间。

买家特征分析应注意成交金额占比、人数占比、商品数量占比分析得出类目省份,除了类目省份,还有一个店铺省份,由此可以得出哪些地区的买家是直接对店铺或商品感兴趣;不同时间段所引进流量的质量不一样,所以尽量选择商品转化高的时段去投放。

精准广告位置(出价)应该熟悉快车广告位置在哪里,哪些位置是点击率高的。当了解位置在哪里后,要进行出价定位,找到位置,然后通过位置去预估对手的位置,然后进行快车优化。

(4)付款确认收货,其主要是提高转化率,完成确认收货。

京东快车的运行就是将细节做好,了解优化的关键因素,快速提高质量得分,让快车的出价更实惠。前期先测好图,然后选择精准关键词进行投放,同时人工干预引导点击率,这样店铺与商品评分将快速上升。因为对于中小型的商家来讲,前期出价一般不会很高,毕竟快车的成本也是相对较高的。如果出价不高,整体的排名不会靠前,由于现在买家都是碎片化的,如果排名不是很靠前可能展现的机会也不多。如果不干预,提分会比较难。

> 案例拓展

以鲜代活——水产生鲜电商的最新打法[①]

水产品之所以受到消费者青睐,是由于其肉质蛋白(比起一般动物蛋白)价值更高,在健康饮食的观念下,水产品(尤其是鱼类)的市场需求不断上升。据统计,2016年中国水产品总产量达到了6900万吨,同比增长3.0%,其中养殖水产品为5156万吨,增长率为4.4%。从线上交易额看,2015年整个生鲜电商市场规模达到了497.1亿元人民币,其中水产占到了4.63%,比例相对较低。

一、水产电商在生鲜电商中所占份额较少的原因

(一)复杂的水产供应链

水产品不同于普通生鲜,其保存和运输要求本身就很高,加上在中国消费者的传统观念中,水产品的"活"就是"鲜",这也使得整个水产品供应链相较于其他生鲜产品更为复杂,成本也更加高昂。

以目前生鲜电商的经营品类来看,基本以进口和高价格水产品为主,其中提供活体销售的更是少之又少。通过对京东、天猫、易果生鲜、沱沱工社等电商平台的统计,仅发现一家有活体龙虾销售,其余均为冰鲜。

由此看出,生鲜电商目前还是以高附加值的进口水产品和水果为主,这些产品在仓储条件上比较接近,降低了冷链物流中的多温层存放等要求,因此也减少了冷链成本。这些少数的品类造成了同质化竞争,同时高成本(包括采购和物流等)导致的高客单价也无法有效提高复购率。

生鲜电商需要降低客单价的同时引入更多的产品类目,那么平价和廉价的水产品必须被考虑。但是考虑到中国消费者对内河水产的要求主要在"活",生鲜电商就相对显得无能为力了。无能为力主要体现在水产品复杂的供应链以及更高的成本。

(二)标准化成难题

水产品供应链的复杂来自多个方面,首先是难以标准化,包括生产过程和水产品自身。水产品在养殖过程中,各生产企业(养殖场或捕捞船)存在零散、组织化和集约化低的情况,且环境、水体、病害等不可控因素较多,其中养殖场对苗种投放密度、饲料品种和投喂频率、药物使用种类和剂量等影响质量安全的生产操作难以实现统一、规范和可测量。

(三)冷链运输难

水产品使用活体运输时,必须使用大型水槽,水槽必须尽量避免阳光直射,避免造成气体过快逸出;运输前24~48小时不可喂食,同时也需要有供养设备和控温设备。

在运输途中,其活鱼的重量和水的比例需要保持在1:2或1:3,极大地浪费了运输载具的运载量;运输途中的捞进捞出还要避免激烈碰撞,以及温差不能超过10℃,否则容易造成活体的死亡。另外,水产长途运输中还需要配备专业的兽医等相关人员,以防止活体在运输途中出现大面积的病灾。

---

① 以鲜代活——水产生鲜电商的最新打法[EB/OL].[2017-05-27]. https://www.iyiou.com/p/46444.

以最近的菜鸟进口活牛为例,菜鸟在运输途中配备了相关的兽医和药品全程跟随,保证活牛在运输过程中的健康。这就造成了水产品在活体运输中的巨大成本,这些成本通过价格转嫁给消费者形成高客单价,也阻碍了客户黏性的增加。

所以对于注重品质和便利的生鲜电商来讲,活体运输成本高且不能保持品质,冰鲜商品类档次高且SKU少导致客单价高,不能提供便利;生鲜电商水产不如"以鲜代活",扩大SKU数目形成自己的差异竞争优势,降低冷链物流,从供应链整体去解决目前的困境。

二、"以鲜代活",水产生鲜电商的新出路

(一)标准化易形成

"以鲜代活"的核心是指将水产品作为加工品的原料,形成标准化产品在生鲜电商和市场中流通。加工的水产品可以形成不同的类型,如鱼可加工成鱼块、鱼片、肉糜等以满足不同的消费需求。并且在加工的过程中引入可追溯机制,以此形成标准化和可追溯,保证生鲜产品的质量。

(二)物流运输更方便

"以鲜代活"的另一个变化就是冷链运输,加工过的产品不再需要活体运输,也更容易保证产品品质。相比于活体运输,采用冷冻或冷藏的方式能够更好地保存产品本身的品质。一般来讲,新鲜水产品活体运输经过第二天后,价值将减少25%,四天后,将减少90%以上,而采用冷冻方式,七天后的价值才减少15%。

冷冻或冷藏运输还避免环境等不可控因素;尽管因为不同的加工水产品需要不同的温层,但目前的技术都能够实现同种载具多种温层运输,冷链运输也得以形成标准化。此外,冷冻或冷藏运输扩大了销售半径,解决了以往活体销售中只能满足"靶心式"的小范围客户需求。

三、"以鲜代活"需克服哪些难点

（一）从货源开始标准化掌控

"以鲜代活"仍然存在困难，困难来自多方面，首先是生鲜电商和市场对于货源的把控。上文提到，由于各种原因导致了产品原料的不标准化，这需要企业们在源头上作努力。例如生鲜电商可以同养殖场等合作，用自己对市场需求的理解指导养殖场培育满足市场需求的水产品，并依靠养殖场的生产经验建立起标准化的流程，同时生鲜电商可以将零散的养殖场形成集约化、规模化的生产。

（二）冷链运输仍需发展

尽管目前中国冷链运输发展迅速，但总体上与发达国家相比处于落后水平，其中水产的冷链流通率不过41%（据艾瑞咨询，截止到2015年），远不能满足中国目前生鲜市场的消费需求，以及未来不断增长的市场规模。

冷链的发展需要从各个方面作努力。首先是政策规范方面，冷链企业在不遗余力地执行目前所制定的政策和规范的时候，还需要同政府一道找出规范等方面的不足之处，促使整个行业越来越规范化、标准化。其次是加大对冷链物流在技术、资金等各方面的重视，扭转目前以"快"为"鲜"的理念，真正做到全程冷链。

（三）促进消费理念升级

"以鲜代活"还面临的问题是消费者的理念，即如何让中国消费者接受"以鲜代活"的消费理念。

从国际上看，欧美等发达国家无论是城区还是郊区，都不存在活禽交易。而近年来中国食品安全事件频发，很多大城市如上海也都在逐渐禁止活禽交易，中国消费者食用活禽的传统习惯也在慢慢向食用生鲜改变。

从健康的角度来看，刚处理的水产品最好经过一段时间后烹饪更安全、更营养。如活鱼在宰杀后在一定条件下放置一段时间，质地变得柔软有弹性，汁液流失更少，滋味更鲜美。

而据调查，消费者在购买活体水产后同样不会立即烹饪，加上目前越来越多的消费者希望能够买到处理完毕的水产品，相信未来消费者完全能够接受"以鲜代活"的理念。

水产品唯一的目的是在最短的时间内，创造出"新鲜价值"。生鲜电商的目的在于将食物从农场到餐桌的传统流程不断优化，保持产品质量的同时提供更加便利的服务。

因此在某些方面，这两者的诉求是相同的，所以生鲜电商需要进行整体供应链的建设，在"以鲜代活"的理念下，为消费者提供最大化的"新鲜价值"。

第五章　农产品电子商务物流

第一节　农产品电子商务物流概述

一、农产品电子商务物流的概念

农产品电子商务物流是指涉农企业运用电子商务技术(主要是计算机、网络及通信等技术),对农产品的生产、加工、运输、仓储、配送等物流环节进行合理的调配和系统的整合,实现各环节的协同运作,提升物流的信息化水平,最终达到提高农产品物流信息和实体商品传输效率的目的。

从本质上说农产品电子商务物流就是电子商务在农产品物流上的应用,电子商务是作用的手段,农产品物流是作用的对象,它的研究重点在于电子商务技术在农产品物流中的应用情况,以及由此衍生出的新型电子商务物流模式。

二、发展农产品电子商务物流的意义

电子商务物流作为一种现代化的经营方式,它所具备的信息化、自动化、网络化、智能化和柔性化等特征为解决农产品的流进问题提供了良好的思路,对我国发展现代农业具有十分现实的意义。

(一)削减农产品流通的环节

传统的中介组织本质上是通过发达的信息网络和购销网络,将规模小、经营分散、自销能力弱的生产农户组织起来进入市场,以增强农民的市场竞争力。

电子商务的出现动摇了传统中介存在的基础。通过网络交易平台,生产者可以突破地域和信息的障碍与消费者进行直接的交流和互动,其信息获取能力、产品自销能力和风险抵抗能力大大加强,对传统中介的依赖性也大大降低。电子商务虽然削减了流通中介,但它并不能完全消除中间环节社会分工的必要性,目前仍需要专门从事农产品流通的组织。

在设计电子商务物流系统时,可以选择和保留有价值的环节,合并或去除作用小、价值低的部分。构建新型的电子商务流通链:生产者→批发市场→网上零售商→消费者。这样,销售物流能够绕过中间商等环节,直接由批发市场发至零售商,缩短了农产品的物流路线,提高了流通速度,降低了库存量。

(二)降低农产品流通的成本

电子商务物流系统通过减少不必要的中介环节和重构农产品流通链,降低农产品的运输、仓储保鲜等物流成本及时间成本,也省却了中间商的利润分成。另外,电子商务物流的机械化和自动化程度较高,在装卸、搬运、分拣和储存农产品过程中只需少量的人工参与,有助于减少

人工成本,提高流通效率,降低了由于农产品变质而带来的损失,流通成本也相应减少。农产品流通成本高的另一个因素是信息失真导致的盲目生产和销售。电子商务物流将生产者、批发商、零售商和消费者连接起来,使各方能够实时共享农产品的生产、库存、流通和需求状况,同时物流智能系统为各环节提供了生产和经营的决策支持,帮助他们根据市场需求生产和销售适销、适量的农产品,合理地安排物流,避免因产品过量或运输不当而导致超额的运输、储裁、加工及损耗成本。

(三)提升农产品流通的市场反应能力

传统的农产品物流由于信息化程度低,大多采用大批量、少批次的运输方式,交易对象主要是批发商或一批规模较大的零售商。这种方式往往缺乏弹性,难以适应市场需求的变化。在电子商务环境下,农产品物流不仅限于批发商或零售商,还可能直接服务于消费者。随着人们的消费方式日趋多样化和个性化。农产品物流也将由过去的大批量、少批次的刚性运输转向少批量、多批次的柔性运输,这就对农产品物流系统提出了更高的要求,即物流体系必须具有充分的柔性,能更快、更好地提供多样化的优质产品。电子商务环境下,物流系统拥有发达的信息网络和配送体系,可以实时掌握农产品流动信息,实现跨地区的高效配送,提高物流体系的快速反应能力,满足消费者对时效的要求。同时,物流柔性化系统使得生产经营者能够及时根据市场需求灵活地安排农产品的生产、加工和流通,满足人们对个性化的要求。

(四)提高农产品流通的专业化程度

传统的农产品物流中,专业的物流企业较少,主要由农产品企业兼营,农产品物流的专业化和社会化程度较低。这除了物流技术的限制外,农产品销售信息难于把握也是一个重要的原因。电子商务的发展使得全国甚至全球销售信息变得容易捕捉,当物流企业可以利用这些信息有效地开展业务而不至于出现无市场时,农产品第三方物流企业将得以迅速发展,有了专业的物流实体,农产品物流专用设备就会得以引进和使用,促进农产品物流向专业化方向发展。另外,由于农产品的分散化生产,使得物流企业在组织物流货源的方式上也将会形成专有的技术。

三、农产品电子商务物流发展的阻碍因素

(一)交易主体电子商务观念滞后

农产品电子商务物流交易主体包括农民、中介机构、农产品经营者和农业企业,其对电子商务的认知直接关系到农产品电子商务的迅速发展。有的农产品生产者文化层次相对较低,对于互联网的接受能力较差;还有相当多的农民没有条件及时、直接地从网上获取信息,也没有能力对获取的信息进行分析筛选,更没有可能上网发布信息。甚至许多龙头企业实力不足,在农业产业化过程中农户的能力不能有效发挥,并没有充分认识到电子商务的巨大商机,认为风险大、投资周期长,维护难,持观望和怀疑态度。

(二)农户信息需求不足

农业产业化是农业信息化的基础,国外发达国家的农场主习惯于从网上获取信息,是因为他们的产业化经营规模大,通过上网可以带来更大的效益。在我国,有些农户还没有从传统的小农经济的环境中完全解脱出来,生产规模不大,在这种情况下让他们购买电脑设备,并支付信息费用,他们权衡之下会认为得不偿失。

(三)农业信息化体系建设不健全

2017年我国涉农网站虽然已经达到3万多家,但是各地农业信息网络建设从形式到内容有很多雷同,缺乏专业水准,实用性差。农业信息服务不够全面,缺乏针对性、协助和指导农民生产的信息较少。此外,农村上网费用高,有的农民买不起电脑;有的农业软件系统高深难懂,实用性差;有的网站维护不负责任,网络信息来源可靠性差,导致农民相信网络上的虚假信息和过期信息,给自己的农业生产造成巨大损失,造成农户极大的心理障碍。所有这些农业信息化体系建设中的不足,均在一定程度上阻碍了农产品电子商务物流的推广和应用。

(四)农产品质量标准化体系不健全

农产品电子商务要求网上交易的农产品品质分级标准化、包装规格化以及产品编码化,为交易各方提供便利,但我国的农业标准化体系没有完全建立,与国际农产品质量体系脱节。

(五)农产品物流配送体系不健全

建设现代物流配送体系是农业电子商务发展的关键环节。目前农产品电子商务真正实现现代化物流配送的很少。物流配送需要高质量的保鲜设备和一定规模的运输设备和人力,因而需要大量投资。

第二节 农产品电子商务物流模式

农产品电子商务物流模式是指在电子商务环境中,涉农企业为了完成从农产品的生产到销售等一系列的物流活动而采取的基本战略和运作方式。

一、农产品电子商务物流模式分类

根据物流的层次划分,农产品电子商务物流可分为农产品企业物流和农产品供应链物流。按照物流的经营者划分,农产品企业物流又可为自营物流、物流联盟和第三方物流等。

(一)农产品企业自营物流

农产品企业自营物流是指涉农企业通过投资建设或租借农产品的仓储设备、运输工具等物流基础设施的方式,亲自从事本企业的农产品物流活动。与传统的自背物流不同,电子商务下的农产品企业凭借电子商务的先进经验和优势,广泛采用网络平台、电子数据交换,有效客户反应、准时化生产。农产品自营物流的优势在于企业对物流运作过程可以进行有效的控制,对市场变化能够作出灵活、快速的反应。劣势则是对物流系统的一次性投资较大,占用资金较多,同时对企业的物流管理能力要求较高。目前,采取这种模式的农业电子商务企业主要由实力雄厚的传统农产品公司发展而来,例如,创建于2001年的深圳市农产品股份有限公司旗下的中农网,作为农业电子商务的领头军,它为8000多家会员企业提供了网上农产品的交易平台,每年网上成交额达几亿元,支撑中农网快速发展的是其母公司深圳农产品公司庞大的物流网络。该物流网络覆盖了深港两地乃至泛珠三角地区,是华南地区规模最大、功能最完善、设施最齐全的农产品现代化物流中心。

(二)农产品企业物流联盟

农产品企业物流联盟是指两个或多个涉农企业之间、为了实现自己的物流战略目标,通过各种协议、契约而结成的优势互补、风险共担、利益共享的松散型网络组织。对于开展电子商务的农业企业而言,物流联盟能够较好地满足他们跨地区配送及对时效性要求高的特点,帮助它们减少物流投资,降低物流成本,获得管理技巧,提高客户服务水平,取得竞争优势。

(三)农产品企业第三方物流

电子商务下的农产品第三方物流是指在电子商务环境中,由农产品物流供求方以外的独立第三方,运用现代信息技术完成农产品的运输、仓储、流通加工配送等一系列物流活动的信息化、网络化运作过程。农产品的第三方物流与电子商务是相辅相成、相互促进的。第三方物流为农业电子商务提供了小批量、多批次的物流服务,确保电子商务以市场需求为导向的柔性化经营方式得以顺利实现。

(四)农产品供应链物流

近年来,农产品供应链物流管理的理论已被广泛接受,但它在实践中的应用却依赖于电子商务技术的发展。可以说,电子商务技术实现了农产品供应链物流管理从理论到实践的突破,使之成为农产品物流发展的重要模式。

根据我国农产品流通渠道的特点,农产品电子供应链物流模式可以分为两种:以生产加工企业为核心的电子供应链物流模式和以批发连锁为核心的电子供应链物流模式。以生产加工企业为核心的电子供应链物流模式中,生产企业占主导地位,由它建立贯穿整条产业链的电子供应链物流系统,带动上下游各环节进行信息流和物流的适度协调及整体运作,提高农产品运转效率。以批发连锁为核心的电子供应链物流系统中,批发市场或连锁商店处于中心位置,批发市场采用先进的信息技术代替传统的手工交易,搭建电子化交易平台,配备完善的物流设施,成为连接生产、加工和零售的核心环节。大型连锁企业通过建立完善的 EDI 和 POS 系统,引入物流管理系统,组建自己的配送中心,并直接向批发商或生产者等上游环节延伸,形成农产品加工、配送一条龙服务。

二、影响农产品电子商务物流模式选择的主要因素

(一)交易主体

交易主体参与农产品电子商务的意识和能力是制约农产品电子商务模式选择的重要因素。由于受文化程度的制约,许多农民仍保持传统的"服释、手视、耳听、口尝"的交易习惯,认为电子商务可信度值得怀疑。这种观念严重影响了农产品电子商务的发展,进而影响了农产品电子商务模式的选择。同样作为交易主体由于不同的交易模式下对参与者的资格、条件等有不同的要求,个体和企业的模式选择也会不一样。

(二)交易对象

农产品电子商务的交易对象是农产品。不同的农产品其市场需求不一样,从而对农产品电子商务物流模式的选择影响较大。如生鲜农产品具有季节性、不易存储的特点,在保鲜、运输和后期处理上较为困难,这也会严重影响电子商务模式的选择。

(三)交易平台

农产品电子商务离不开先进实用的网络信息平台。尽管国内已建立了很多网站和信息服务站,但仍然满足不了农产品电子商务交易的需求。网站信息的专业性、实用性、可靠性是赢

得客户的重要依据,但网络交易平台客观上存在的一些安全隐患,致使网站经常会受到各种的攻击,威胁到网络的安全。还有我国网络相关的法律法规不够健全,成为影响农产品电子商务发展的另一因素。

(四)交易模式

不同的农产品电子商务物流模式各有其优势,也必然存在一些不足。例如,针对自营物流、物流联盟及第三方物流,其优劣势非常鲜明。因此。在具体选择交易模式时,应考虑该模式的优缺点与自身情况的比对,力争做到扬长避短,摒弃"最新的、先进的模式是准确选择"的理念,选择最适合自身的、最匹配的模式是明智的决策。

(五)物流配送体系

农产品作为一种特殊的实物商品,对运输条件有严格的要求,没有冷藏设施支持的运输往往影响农产品的质量;同时,电子商务物流的开展必须以农产品交易的电子支付体系作支撑,但现实中很多地方的电子支付体系不够完善,农村信用合作机构还没有开展电子支付业务等,这些因素也会影响农产品电子商务物流模式的选择。

三、发展农产品电子商务物流的有效措施

(一)加快农产品物流标准化进程

在包装运输和装卸等环节,推行与国际接轨的关于物流设施、物流工具的标准,如托盘、货架装卸机具、条形码等,不断改进物流技术,以实现物流活动的合理化。重点应联合有关部门制定全国统一的相关农产品质量标准,如感官指标、安全食用指标、鲜度指标等,并对产地进行大气环境测试、土壤成分测试、水资源测试、农药使用控制,以加速农产品流通。

(二)发展战略合作伙伴关系

良好的伙伴关系有助于改善农产品物流公司之间的交流,有利于实现共同的期望和目标,减少外在因素的影响和相应造成的风险,增强冲突解决能力,实现规模效益。在合作伙伴选择上,首先要根据市场竞争环境和资源约束,从合同履约、信用、合作愿望、生产、服务、营销能力、参与动机等方面综合评价合作伙伴,确保伙伴的利益一致性,并能适应合作的管理协调机制,逐步从普通合作伙伴关系发展到战略合作伙伴关系。

(三)围绕核心企业组织供应链资源

资源是组织拥有和控制的实物资产、人力资本、知识资本的集合。在进行农产品物流运作时,应根据市场动态对整个供应链资源实施战略管理,使整个供应链成为一体,保证资源的最优配置。具体来说,就是要根据供应链的产品流、信息流、资金流、服务流,组织内部资源和外部资源。内部资源包括生产物流资源(如土地、仓库等)、信息技术资源(如土地信息系统、通信网络)、市场资源(如产品品牌、信誉、产品质量认证),外部资源包括供应商资源、客户资源和技术服务企业等。

(四)建立信息共享激励机制

共享信息涉及订单/交货市场需求预测、库存水平、生产计划等内容。在农产品供应链中,由于信息共享会造成供应链成员之间重新分配信息资源,改变彼此谈判优势地位,重新分配供应链利润,使得信息共享存在一定的障碍和困难,因此需要建立一种信息共享激励机制,对信

息供给者给予适当的奖励和补偿。这种机制可以通过两种途径实现。第一，节支减支成本的合理让渡。由于信息共享后，可以减少不确定因素，降低农产品生产库存、运输等环节的成本，农户可以通过定价折让向下游环节让渡一部分节约成本形成的利润，构成下游环节的利润补偿。第二，增收，增加销售后的利润合理分配。下游环节准确预测需求，通过信息共享，使农户在生产环节及时响应需求，下游环节扩大销售后对生产环节作出利润的合理让渡。

（五）准确定位顾客服务水平

在农产品物流运作时，首要的任务应以顾客需求为基础，根据不同客户群体的需求进行市场细分，开展产品差异化，确定合理的顾客服务水平，并通过供应链实现对顾客要求的快速响应，使供应链结构适应市场变化，同时按照市场的要求完善农产品物流网络的顾客化改造，以实现既定的服务水平并确保盈利。

（六）加强技术创新和设施建设

在整个农产品物流链条上，技术的创新是物流业发展的重要支撑和动力。因此，要始终把技术创新放在突出位置，要提高加工、包装等物流技术以及市场调查分析等营销技术的创新，积极运用现代营销手段，在革新的基础上，大胆探索和应用现代销售手段；要适应信息化、网络化趋势，加快发展电子商务，推进网上交易。同时，要加快农产品物流基础设施的建设，改变交通状况落后的面貌，增加物流设备科技含量。

第三节 常用农产品物流（快递）公司介绍

一、顺丰速运

顺丰速运网络全部采用自建、自营的方式，有国内同城件、国内省内件、省外件、香港件、即日件、次晨达、次日件。可提供寄方支付、到方支付、第三方支付等多种结算方式。

赔付：最高赔付为运费的6倍，没有保价、无保价的区别，丢失或者破损的赔付是一样的。

优点：服务好，速度快，安全，有独立的免费包装袋，员工素质高，让人放心。特别适合生鲜品、肉类品的邮寄。

缺点：价格偏高，网点不够全面，业务范围多在南方地区。

二、EMS快递

EMS特快专递业务除了提供国内、国际特快专递服务外，相继推出国内次晨达和次日递，国际承诺服务和限时递等高端服务，同时提供代收货款、收件人付费、鲜花礼仪速递等增值服务。EMS具备领先的信息处理能力，建立以网站、短信、客服电话三位一体的实时信息查询系统。

优点：速度快，可以网上查询，送货上门，物品安全有保障。

缺点：收费贵，部分地区邮局工作人员派送物件前不先通过电话联系收件人，有可能导致收件人不在指定地点，而耽误物件的接收时间。

三、E邮宝

E邮宝是中国邮政集团公司与支付宝最新打造的一款国内经济型速递业务，专为中国个人电子商务所设计,采用全程陆运模式,其价格比普通EMS有大幅度下降,价格为EMS的一半。但其享有的中转环境和服务与EMS几乎完全相同,且一些空运中的禁运品将可能被E邮宝所接受。

优点:便宜,到达国内任何范围,运输时间快,只比EMS慢一天左右,可以邮寄部分航空禁运品,派送上门,网上下订单,有邮局工作人员上门取件。

缺点:部分地区还没有开通此项目。

四、申通速递

申通速递在全国各省会城市(除中国台湾地区外),其他大中城市建立起了800多个分公司,吸引了1100余家加盟网点,主要是承接非信函、样品、大小物件的速递业务。主要经营市内件和省际件。

赔付:丢失赔付时,无保价,小于等于1000元;破损赔付时,无保价,小于等于300元。

优点:网点广,速度一般在4天内,价格适中,运输相时安全,少有丢件、损件的事故。

缺点:服务质量一般,这与具体的员工素质有关。

五、圆通速递

圆通速递的服务涵盖报关、报检、海运、空运、进出口货物的运输服务;中转、国际国内的多式联运;分拨、仓储以及特种运输等一系列的专业物流服务;提供国内件、国际件、限时服务。

赔付:丢失赔付时,无保价,赔付金额小于等于1500元;有保价,保价率是1%,赔付金领小于等于10000元。破损赔付时,无保价,赔付金额多为3~5倍运费;有保价,保价率是1%,赔付金额小于等于10000元。

优点:价格便宜,速度在3~4天内。

缺点:网点不够广泛,偶尔有丢件等情况,员工素质因人而异。

六、宅急送

宅急送快递网络均为自建,业务覆盖全国大部分城市和地区。有快件、当日递、次日递、隔日递、普件;还有针对公司中小型项目客户,量身定制集仓储、快递、物流于一身的个性化服务方案。

赔付:无保价,破损和丢失一样,小于等于20元/500克;有保价,报价率为1%,破损、丢失赔付金额根据物品的价格,新旧程度衡量后决定赔付金额。

优点:网点多,服务好,物件破损和丢失率相对较低。

缺点:价格适中,全国各地10~28元不等。

除以上物流(快递)公司外,还有韵达快运、中通速递、汇通快运、天天快递、德邦物流、联邦快递、中铁快运、一邦快递等。每家快递公司都有自己擅长的范围,例如国际、同城。另外,每家快递公司都希望有更多的业务,在自己的能力接受范围外承接业务的公司不在少数,从而产生更多的问题。所以,卖家要根据自身的需要选择合适的公司,国际业务、国内业务、同城业务要分别选择不同的公司。如果卖家对价格比较敏感,即使同一个业务也不能仅仅选择一家快递公司,比如跨省业务,许多小公司的报价虽低,但是擅长的范围小。卖家们根据自身的业务需要组合几个快递公司为自己服务才是正确之道。

案例拓展

案例一：顺丰速运再度启程与联想佳沃 一起试水"生鲜速配"①

成立于1993年的顺丰速运是我国一家民间营运的独资速递公司,经过二十多年的摸索打拼,顺丰速运已经成长为中国最大形的民间营运速递公司。顺丰速运在短短的二十几年间就凭借着它强大的科学技术、良好的基础建设、优秀的服务质量一跃成为行业的领军企业。但是,顺丰速运一直都在探索更加广阔的发展空间,因此,顺丰速运开始慢慢涉足一些需要更高要求但是发展前景非常可观的领域,经过多方考虑,顺丰速运选择了冷链物流这一领域。

虽然现在的快递行业非常的发达,但是,仍然有很多局限,其中之一就是生鲜食品的运输。因为生鲜食品容易变质、不好运输,并且远距离的城市基本实现不了,所以这限制了很多以生鲜食品闻名的城市的发展。于是针对这一弊端,顺丰速运推出了新的服务项目——生鲜速配服务。这一服务首先试运营地在烟台,主要负责荔枝和海鲜的运输,而日前,顺丰速运与联想佳沃的携手,为生鲜食品的运输带来了契机。

联想佳沃与顺丰速运的合作可谓是强强联合,联想佳沃有着非常雄厚的物产源,顺丰速运有着非常强大的技术,而联想佳沃之所以和顺丰速运合作,也是因为顺丰速运庞大又迅捷的物流系统还有顺丰速运在生鲜平台上和"O2O"零售上的潜力。顺丰速运作为在冷链物流这一领域的新入局者,有非常强大的发展空间,因此,顺丰速运一直在实践中不断改进,将这一服务做到愈加完美。

顺丰速运的努力和用心体现在每一份需要顺丰速运运输的物品上,而商家和广大消费者的满意和好评就是顺丰速运最大的动力,因此,顺丰速运自成立以来,就一直为谋求更高的服务品质而努力着。顺丰速运投入了非常多的资金在基础设施和各种先进的技术上,这不仅加强顺丰速运的速度,也提高了顺丰速运的服务质量。相信未来顺丰速运还会带给广大消费者更多的惊喜和感动,还会做出更多有建设性意义的创新之举。

---

① 顺丰速运再度启程 与联想佳沃一起试水"生鲜速配"[EB/OL].[2014-06-18]. http://www.100ec.cn/detail_6179265.html.

案例二:顺丰速运借助强大物流网络 旗下电商平台主打冷鲜食品牌①

顺丰速运旗下的网购平台顺丰优选经过两年的发展之后,已经成了网购领域中最被人们所关注品牌之一。其主打冷鲜食品销售牌的差异化营销策略,让其在发展的道路上更加有优势。在顺丰优选问世之前,冷鲜食品的网购一直都少有人涉及,主要原因就是物流环节。冷鲜食品的物流不仅对于时间方面提出了更高的要求,更是在配送温度等方面有着严格的要求,也正是这样苛刻的要求,让顺丰速运在全国范围内铺设的物流网络,成了顺丰优选高速发展的优势所在。

顺丰优选上线的两年时间中,通过有效的宣传营销手段,顺丰速运进军电子商务领域,已经有了可喜的成绩。与此同时,顺丰速运的海外业务也一点点地进入正轨。特别是在当地的华人,在得知国有速运企业进驻之后,也都选择了支持国有企业,这一点尤为让顺丰速运感动。这些在国外生活的华人纷纷表示,希望顺丰速运能将业务拓展到更多地区。

顺丰优选敢于选择冷鲜食品作为主打,就是其拥有过人的物流速度,顺丰速运能做到这一"快"字,是因为其有自己的航空公司。这就在产业链条上占据了主动权,顺丰快递不仅可以自己选择经济性更佳的机型,还可根据市场变化不断推出新的快递产品。早在2004年,顺丰速运的航空业务增长幅度年均高达70%之多,此时,顺丰速运租赁的波音737机型已经不能满足日益加大的业务需求。通常讲,快递行业包机比用自己的飞机更为省心,甚至单价成本更为低廉,可谓是一举多得。

在整个电子商务行业中,顺丰优选就如同电商行业中的一匹黑马,专注于进口食品和国内外产地直采食品,致力于成为用户购买优质美食及分享美食文化的首选平台,同时还将加强移动互联网布局,方便用户进行手机购物。目前顺丰优选IOS客户端已经上线、Android客户端将于近期上线。

经过了充足的准备之后,顺丰速运旗下的电商网站顺丰优选在两年之前成功的上线运营。

---

① 顺丰速运借助强大物流网络 旗下电商平台主打冷鲜食品牌[EB/OL].[2014-05-30]. http://b2b.toocle.com/detail_6175586.html.

上线之后成了快递行业与电子商务行业共同关注的焦点。顺丰优选能够在行业内高速的发展,得益于其在全国范围内20年时间所铺设的强大物流网络,以及近些年发展的空中运输能力,让其可以将冷鲜食品等对于时间有着严格要求的产品最快速度的配送到消费者的手中,确保它的新鲜度。

第六章 农产品电子支付

第一节 电子支付

一、电子支付的概念

随着电子商务的普及推广应用,如何解决世界范围内电子商务活动的支付问题?如何处理通过信息技术网络产生的成千上万笔交易流的支付问题?答案只有一个,那就是利用电子支付。

所谓电子支付(electronic payment),是指从事电子商务交易的当事人,包括消费者、厂商和金融机构,以商用电子化设备和各类交易卡为媒介,以安全的信息传输技术为手段,采用数字化方式进行的货币支付或资金流转。

二、电子支付的特征

与传统的支付方式相比,电子支付具有以下特征:

(1)电子支付是采用先进的技术通过数字流转来完成信息传输的,其各种支付方式都是通过数字化的方式进行款项支付的;而传统的支付方式则是通过现金的流转、票据的转让及银行的汇兑等物理实体来完成款项支付的。

(2)电子支付的工作环境是基于一个开放的系统平台(互联网);而传统支付则是在较为封闭的系统中运作。

(3)电子支付使用的是最先进的通信手段,如 Internet、Extranet,而传统支付使用的则是传统的通信媒介;电子支付对软、硬件设施的要求很高,一般要求有联网的微机、相关的软件及其他一些配套设施,而传统支付则没有这么高的要求。

(4)电子支付具有方便、快捷、高效、经济的优势。用户只要拥有一台上网的 PC 机,便可足不出户,在很短的时间内完成整个支付过程。支付费用仅相当于传统支付的几十分之一,甚至几百分之一。

在电子商务中,支付过程是整个商贸活动中非常重要的一个环节,同时也是电子商务中准确性、安全性要求最高的业务过程。

电子支付目前仍然存在一些亟待解决的问题,最重要的则是安全问题。如防止黑客入侵、内部作案、密码泄露等诸多涉及资金安全的问题。

三、电子支付的主要方式

(一)电子现金

1. 电子现金的概念

电子现金(E-cash)又称为电子货币(E-money)或数字货币(digital cash),是一种以数据形式流通的货币,用户可以像使用纸币一样用电子现金进行商品买卖。电子现金以数字信息形式存在,通过互联网流通,比现实货币更加方便、经济。

广义的电子现金是指那些以电子形式储存的货币,可以直接用于电子购物。

狭义的电子现金通常是指一种以电子形式储存并流通的货币,通过把用户银行账户中的资金转换成为一系列的加密序列数,通过这些序列数来表示现实中各种金额的市值,用户在开展电子现金业务的银行开设账户并在账户内存钱后,就可以在 Internet 上接受电子现金的商店购物了。在这里主要介绍狭义的电子现金,它包括三个主体——商家、用户、银行;四个安全协议过程——初始化协议、提款协议、支付协议、存款协议。

2. 电子现金的特点

电子现金在经济领域起着与普通现金同样的作用,对正常的经济运行至关重要,电子现金应具备以下性质:

(1)独立性:电子现金的安全性不能只靠物理上的安全来保证,必须通过电子现金自身使用的各项密码技术来保证电子现金的安全。

(2)协议性:电子现金的应用要求银行和商家之间有协议和授权关系,电子现金银行负责消费者和商家之间资金的转移。

(3)对软件依赖性:消费者、商家和电子现金银行都需要使用电子现金软件。

(4)不可重复花费:电子现金只能使用一次,重复花费能被容易地检查出来。

(5)匿名性:电子现金用于匿名消费,即便银行和商家相互勾结也不能跟踪电子现金的使用,就是无法将电子现金的用户与其购买行为联系到一起,从而隐蔽电子现金用户的购买历史。

(6)不可伪造性:用户不能造假币,包括两种情况:一是用户不能凭空制造有效的电子现金;二是用户从银行提取 n 个有效的电子现金后,也不能根据提取和支付这 n 个电子现金的信息制造出有效的电子现金。

(7)可传递性:用户能将电子现金像普通现金一样,在用户之间任意转让,且不能被跟踪。

(8)可分性:电子现金不仅能作为整体使用,还应能被分为更小的部分多次使用,只要各部分的面额之和与原电子现金面额相等,就可以进行任意金额的支付,所以电子现金适用于小额交易。

(二)电子钱包

1. 电子钱包的概念

电子钱包(electronic wallet)是电子商务活动中网上购物顾客常用的一种支付工具,是一个可以由持卡人用来进行安全电子交易和储存交易记录的软件,是在小额购物或购买小商品时常用的新式钱包。在电子钱包内可以存放电子货币,如电子现金、电子零钱、电子信用卡等。

电子钱包是实现全球电子化交易和互联网交易的一种重要工具,全球已有很多国家正在建立电子钱包系统以便取代现金交易的模式。目前我国也正在开发和研制电子钱包服务系统。使用电子钱包购物,通常需要在电子钱包服务系统中进行。电子商务活动中的电子钱包的软件通常都是免费提供的,可以直接使用与自己银行账号相连接的电子商务系统服务器上的电子钱包软件,也可以从互联网上直接调出来使用,采用各种保密方式利用互联网上的电子钱包软件。目前世界上有 VISA cash 和 Mondex 两大电子钱包服务系统。

2. 电子钱包的功能

(1)管理电子安全证书:包括电子证书的申请、存储、删除等。

(2)安全电子交易:进行 SET 交易时辨认用户身份并发送交易信息。

(3)保存交易记录:保存每一笔交易记录,以备日后查询。

(4)管理账户信息:实现自动支付流程。

(三)电子支票

1. 电子支票的概念

电子支票(electronic check,E-check 或 E-cheque)是纸质支票的电子替代物,将纸质支票改变为带有数字签名的电子报文,是一种利用数字传递将钱款从一个账户转移到另一个账户的电子付款形式。电子支票与纸质支票一样是用于支付的一种合法方式,它使用数字签名和自动验证技术来确定其合法性。支票上除了必需的收款人姓名、账号、金额和日期外,还隐含了加密信息。电子支票通过电子函件直接发送给收款方,收款人从电子邮箱中取出电子支票,并用电子签名签署收到的证实信息,再通过电子函件将电子支票送到银行,把款项存入自己的账户,是网络银行常用的一种电子支付工具。

电子支票的运作,需要客户在支票上进行数字签名,然后借助认证中心辨别客户的真伪,在此过程中公共密钥、电子证书也被广泛使用。具体运作情况是:银行负责管理各自客户的公共密钥,客户开户行负责管理客户的公共密钥,为客户发放认证的电子证书;商家开户行负责管理商家的公共密钥,为商家发放认证的电子证书;银行之间的联合组织,如自动清算所,要负责银行间的清算,以及负责管理银行的公共密钥、发放电子证书。这样便形成了一种稳定的网状结构,确保交易的安全性。

2. 电子支票的特点

电子支票借鉴了纸张支票转移支付的优点,事务处理费用较低,而且银行也能为参与电子商务的商户提供标准化的资金信息,故而可能是最有效率的支付手段。电子支票的支付方式具有以下特点:

(1)电子支票与传统支票工作方式相同,保留了纸质支票的基本特征和灵活性,加强了纸质支票的功能,因而容易被理解和接受。

(2)经过加密的电子支票比数字现金更易于流通,买卖双方的银行只要用公开密钥认证确认支票即可,数字签名也可被自动验证。

(3)电子支票适于各种市场,并为企业提供服务,企业运用电子支票在网上进行结算,要比采用其他结算方式更加节省成本,同时电子支票可以容易地与 EDI 应用结合,推动 EDI 基础上电子订货和支付的发展。

(4)电子支票非常适于小额结算,使用的加密技术要比基于非对称的系统更易于处理,可以自动证实交易各方的数字签名,收款人、收款人银行和付款人银行能够利用公钥证书证明支票的真实性。

(5)电子支票技术将公共网络连入金融支付和银行结算网络,充分发挥了公共网络和现有金融结算基础设施的作用。

(四)智能卡

智能卡的名称来源于英文名词"smart card",又称集成电路卡,即 IC 卡(integrated circuit card)。它将一个集成电路芯片镶嵌于塑料基片中,封装成卡的形式,其外形与信用卡大小、形状相似,但卡上不是磁条,而是计算机集成电路芯片(如微型 CPU 与存储器等),用来存储用户的个人信息及电子货币信息,且可具有进行支付与结算等功能的消费卡。由于 IC 卡是在 IC 芯片上将消费者信息和电子货币存储起来,因此不但存储信息量大,还可用来支付购买的产品、服务和存储信息等,具有多功能性。

第二节 网络银行支付

一、网络银行的概念

网络银行又称互联网银行、在线银行、网上银行或电子银行,是指银行利用 Internet 技术,为客户提供开户、销户、查询、对账、转账等多种金融服务项目,使客户可以足不出户就能够安全便捷地管理活期和定期存款、支票、信用卡及个人投资等,可以说,网络银行是在互联网上的虚拟银行柜台。

二、网络银行的特点

(一)实现无纸化交易

以前使用的票据和单据大部分被电子支票、电子汇票和电子收据所代替;原有的纸币被电子货币,即电子现金、电子钱包、电子信用卡所代替;原有纸质文件的邮寄变为通过数据通信网络进行传送。

(二)服务方便、快捷、高效、可靠

通过网络银行,用户可以享受到方便、快捷、高效和可靠的全方位服务。任何需要的时候使用网络银行的服务,不受时间、地域的限制,即实现 3A 服务,能够在任何时间(anytime)、任何地点(anywhere)以任何方式(anyway)为客户提供金融服务,所以网上银行又被称为"3A 银行"。

(三)经营成本低廉

由于网络银行采用了虚拟现实信息处理技术,网络银行可以在保证原有的业务量不降低的前提下,减少营业点的数量。

三、网络银行的发展模式

根据网上银行的不断发展,目前有两种不同层次的模式:

(一)传统银行业务网络化模式

该模式主要利用互联网开展传统的银行业务交易服务。现在除了已经网络化的存款、汇

款、付款等业务外,外币买卖、信用卡业务、企业融资、房屋汽车贷款、购买保险和理财咨询服务也都逐步地在进入网络银行的服务范围。世界上许多著名的商业银行:如花旗银行、大通曼哈顿银行、汇丰银行、美洲银行,以及我国的各大银行如工商银行、中国银行、招商银行、建设银行等,都已经进行了银行业务的网络化改造工作,而几乎所有规模较大的商业银行都在国际互联网上建立了自己的站点。这种模式实际上是传统银行服务在互联网上的延伸,这是目前网上银行存在的主要形式。

(二)虚拟银行模式

网络银行发展的第二种模式是建立全新的全部网络化的银行,也可称之为"虚拟银行"。所谓虚拟银行就是指没有实际的物理柜台作为支持的网上银行。这种网上银行一般只有一个办公地址,没有分支机构,也没有银行大厅和营业网点,采用国际互联网等高科技服务手段与客户建立密切的联系,提供全方位的金融服务。美国安全第一网络银行是全球第一家完全通过国际互联网经营的独立银行,是在美国成立的第一家无营业网点的虚拟网上银行,它的营业厅就是网页画面,成立初期员工仅有19人。顾客通过国际互联网进入该行的站点,屏幕即刻显示出一幅银行大厅的画面。画面上设有:"账户设置(account setup)""客户服务(customer service)",以及"个人财务(personal finance)"三个主要服务柜台。此外还有供客户查询的"咨询台(information)"和"行长(president)"等柜台。安全第一网络银行为客户提供多种银行服务,例如开户、存款、支付账单及各项转账服务,还有外币买卖、长期存款和信用卡服务,客户还可以在网络上申请房屋汽车贷款、购买保险、通过经纪人员买卖各项金融产品。银行每天会产生一次交易汇总表供客户查询及核对。如需提取现金,只要到附近的提款机利用金融卡操作即可。

第三节 第三方支付

一、第三方支付概述

(一)第三方支付的概念

第三方支付通常是指一些和国内外各大银行签约并具备一定实力和信誉保障的第三方独立机构提供的交易支持平台。它通过与银行的商业合作,以银行的支付结算功能为基础,向使用者提供中立的、公正的面向其用户的个性化支付结算与增值服务,从本质上讲,第三方支付具有第三方信用担保服务的属性。

(二)第三方支付的特点

第一,第三方支付平台提供一系列的应用接口程序,将多种银行卡支付方式整合到一个界面上,负责交易结算中与银行的对接,使网上购物更加快捷、便利。消费者和商家不需要在不同的银行开设不同的账户,可以帮助消费者降低网上购物的成本,帮助商家降低运营成本;同时,还可以帮助银行节省网关开发费用,并为银行带来一定的潜在利润。第二,第三方支付平台使商家和客户之间的交涉由第三方来完成,让网上交易变得更加简单。第三,第三方支付平台通常依附于大型的门户网站,且以与其合作的银行的信用作为信用依托,因此第三方支付平台能够较好地突破网上交易中的信用问题,有利于推动电子商务的快速发展。

二、第三方支付的平台

第三方支付平台是指客户和商家首先都要在第三方支付平台处开立账户,并将各自的银行账户信息提供给支付平台的账户中。客户把货款先转给第三方支付平台,第三方支付平台然后通知商家收到货款,商家发货;客户收到并检验货物之后,再通知第三方支付平台再将款项划转到商家的账户中。由于第三方支付平台的介入,有效降低了网上购物的交易风险,解决了电子商务支付过程中的一系列问题,例如:安全问题、信用问题、成本问题。

中国国内目前的第三方支付公司或者品牌主要有支付宝(阿里巴巴公园)、财付通(腾讯公司)、银商(银联)、快钱(99bill)、汇付天下、易宝支付(Yeepay)、京东支付(京东)、网付宝(wangfubao)、环迅支付、汇付天下等近300多家。但是目前已形成由支付宝、中国银联、财付通三大巨头占主导的第三方支付市场竞争格局。

(一)支付宝

支付宝是全球领先的第三方支付平台,成立于2004年12月,致力于为用户提供"简单、安全、快速"的支付解决方案,旗下有"支付宝"与"支付宝钱包"两个独立品牌;自2014年第二季开始成为当前全球最大的移动支付厂商。支付宝主要提供支付及理财服务,包括网购担保交易、网络支付、转账、信用卡还款、手机充值、水电煤缴费、个人理财等多个领域;在进入移动支付领域后,为零售百货、电影院线、连锁商超和出租车等多个行业提供服务;还推出了余额宝等理财服务。支付宝与国内外180多家银行以及VISA、Master Card国际组织等机构建立战略合作关系,成为金融机构在电子支付领域最为信任的合作伙伴。支付宝钱包是国内领先的移动支付平台,内置余领宝、还信用卡、转账、充话费、缴水电煤等。有了支付宝钱包还能便宜打车、去便利店购物、售货机买饮料,更有众多精品公众账号为客户提供服务。

(二)财付通

财付通(Tenpay)是腾讯公司于2005年9月正式推出的专业在线支付平台,其核心业务是帮助在互联网上进行交易的双方完成支付和收款。财富通致力于为互联网用户和企业提供安全、便捷、专业的在线支付服务。

个人用户注册财付通后,即可在拍拍网及20多万家购物网站轻松进行购物。财付通支持全国各大银行的网银支付,用户也可以先充值到财付通,享受更加便捷的财付通余额支付体验。财付通与拍拍网、腾讯QQ有着很好的融合,按交易额来算,财付通排名第二,份额仅次于支付宝。

(三)微信支付

微信支付是集成在微信客户端的支付功能,用户可以通过手机完成快速的支付流程。微信支付以绑定银行卡的快捷支付为基础,向用户提供安全、快捷、高效的支付服务。

微信支付(商户功能),是公众平台向有出售物品需求的公众号提供推广销售、支付收款、经营分析的整套解决方案。商户通过自定义菜单、关键字回复等方式向订阅用户推送商品消息,用户可在微信公众号中完成选购支付的流程。商户也可以把商品网页生成二维码,张贴在线下的场景,如车站和广告海报。用户扫描后可打开商品详情,在微信中直接购买。

目前微信支付已实现刷卡支付、扫码支付、公众号支付、APP支付,并提供企业红包、代金券、立减优惠等营销新工具,满足用户及商户的不同支付场景。

三、第三方支付的流程

在第三方支付交易流程中,支付模式使商家看不到客户的信用卡信息,同时又避免了信用卡信息在网络上多次公开传输而导致信用卡信息被窃。以消费者在网络购物平台进行的B2C交易为例,其流程如下:

第一步,客户在电子商务网站上选购商品,最后决定购买,买卖双方在网上达成交易意向。

第二步,客户选择利用第三方作为交易中介,客户用信用卡将货款划到第三方账户。

第三步,第三方支付平台将客户已经付款的消息通知商家,并要求商家在规定时间内发货。

第四步,商家收到通知后按照订单发货。

第五步,客户收到货物并验证后通知第三方。

第六步,第三方将其账户上的货款划入商家账户中,交易完成。

案例拓展

海鲜界的"小米商城"——万聚鲜城①

"海鲜的复购频次在14天左右,比买手机的频次可短多了。"万聚鲜城CEO张磊笑道,谁说海鲜不可以打造社群经济,加上粉丝的快速传播,用互联网的方式进行销售?在做好产品的前提下,小米的成功有一部分来源就是靠粉丝间的口碑传播,张磊觉得,海鲜品类更是如此,只有用户说好才是真的好。

万聚鲜城不同于其他生鲜电商,单一售卖产品,而是专注于海鲜这一品类,针对不同的场景化需求,一键生成相应的所有食材。比如用户想要自己做寿司,寿司的套餐里会包括大米、竹帘等海鲜食材,就可以自行DIY。目前已在线上平台运营了两年多,京东POP平台海鲜类销量第一。

一、食材体验场景化打造自己的品牌

"全国的海鲜有3万多种,而我们目前做的只有100多种。"虽然种类不是很多,但和传统生鲜不一样的地方在于:第一,会根据用户的不同需求,开发更贴近用户生活场景的产品。通过数据分析,来判断哪些产品是用户喜欢的,哪些是不太喜欢的,然后精准选取、针对不同的场景化需求,进行食材的二次搭配。第二,产品没有固定的货架期。食材会相对新鲜,包装后会直接从仓库发送给消费者。

海鲜是非标准化的产品,即便海鲜的产地和种类完全一样,肉质也会有所不同。如何让这些非标准化的产品标准化,形成一个海鲜品牌?首先要在创意上进行差异化,比如将一条阿拉斯加的黑鳕鱼,配上一些好的虾仁、三文鱼组成一个儿童套餐,都是营养价值比较高的东西,而且鳕鱼没有刺,适合小朋友吃,家长就会进行购买。

其次在于供应商的选择上。看过《寿司之神》的人都知道,主人公小野二郎做了一辈子的寿司,除了自身超强的技艺,在食材的选取上也从不马虎,他要从最好的鱼贩手里买鱼,从最好

---

① 做海鲜界的"小米商城",万聚鲜城要成为下一个"雷布斯"[EB/OL].[2016-09-12]. http://m.licaizhijia.com/article_23780.html.

的米贩手里买米,将寿司做到极致,让每一个品尝过的顾客都不曾忘记它的味道。而对于从小在白洋淀长大的张磊来说,挑选海鲜绝对手到擒来。"白洋淀人大部分都在做水产生意,海鲜的品质看一眼就知道好不好。"说起海鲜,张磊充满了自信,目前万聚鲜城长期合作的供应商有六七个,其中不仅有来自原产地的捕捞团队,也有在原产地深耕多年的商家。

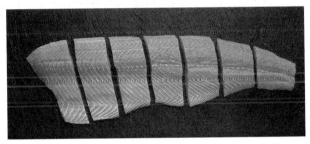

最后,也是最重要的一点,要保证产品的新鲜程度。运输全程均为冷链运输,产品到达仓库后会进行分温冷库储存,尽管产品的保质期为 12 至 24 个月,但是产品的周转率只有一个月左右,能够保证食材的新鲜程度。

而在整个供应链管理上,由于温度保存比较统一,所以产品的损耗率都很低。在生鲜行业,要降低产品损耗率,运营效率就要提高,而通常产品的损耗率在 5% 以内算及格。张磊表示,由于在供应链的管理上,温度保存比较统一,产品的损耗率都比较低,夏季产品最高的损耗率在 1% 左右。

目前,万聚鲜城的成交用户有 10 万人左右,忠实粉丝在 2 万左右,复购频次均在 3 次以上。

二、做海鲜界的"小米公司"打造社群经济

张磊通过调查发现,现阶段大部分的生鲜电商,都在做渠道品牌,自营销售,不管是主打有机产品,还是做大而全的品类,亏损都比较严重。但如果通过某一品类将用户连接起来,像小米手机,形成粉丝效应,在粉丝购买的同时,直接进行口碑传播,在通过互联网的方式进行销售。

海鲜是美食,美食就是生活。"海鲜的复购频次一般在 14 天左右,如果能发展粉丝做社群,增强他们的参与感,他可能就会自主地进行传播。"张磊说,后期会通过招募令的方式,选一批粉丝成为万聚鲜城的合伙人,为他们创建自己的分销商城,可以进行支付和购买,所有价格均和商城统一。让每一个粉丝都能成为一个意见领袖,去影响他身边的人,一起购买。而粉丝通过销售,还将得到 10%~15% 的佣金。不仅如此,万聚鲜城还通过线下合作的方式,进行品

牌推广。他们看重了一些分布在北京社区里的生鲜店以及中小型超市，自带用户人群。只要给店家开通一个万聚鲜城的分销商城，他们就可以进行销售，销售后也可以收到佣金。张磊说，住在社区附近的人都会经常去店里购买，难免就会有一些海鲜套餐类的需求。目前已有30多家线下合作店。

张磊认为，未来的生鲜电商应该打造社群经济，将品类进行细分，深入到用户参与中，让用户能快速记住。比如提到橙子，用户可能马上就会想到褚橙，想到这个品牌的LOGO，包括背后体验的感觉，从任何角度来说，都是可行的。而目前，张磊也正积极准备融资，打造属于自己的社群。

第七章　农产品电子商务安全

第一节　电子商务安全概述

一、电子商务系统安全架构

电子商务系统是在公开的网上进行的,支付信息、订单信息、谈判信息等商务往来文件大量在计算机系统中存放。传输和处理,其安全问题引起广泛的重视。计算机诈骗、计算机病毒等造成的商务信息被窃、篡改和破坏,以及机器失效、程序错误、误操作、传输错误等造成的信息失误或失效,都严重地危害着电子商务系统的安全。因此,保证商务信息的安全是进行电子商务的前提。

电子商务系统是计算机网络及电子商务应用系统的集成,其安全性更为复杂,不仅面临计算机网络系统共有的安全问题,而且还与电子商务应用的环境、人员素质和社会因素等密切相关。

因此,电子商务安全从整体上可分为三大部分:计算机网络安全、商务交易安全和电子商务安全立法。

计算机网络安全的内容包括:计算机网络设备安全、计算机网络系统安全、数据库安全等。其特征是针对计算机网络本身可能存在的安全问题,实施网络安全增强方案,以保证计算机网络自身的安全性为目标。

商务交易安全要解决网络交易活动所面临的各种安全问题,其目标是实现电子商务交易的保密性、完整性、不可否认性和身份的真实性。

电子商务安全立法是通过法律法规,规范电子商务交易、管理和运行过程。这是电子商务活动开展的根本基础。

电子商务的安全架构如图7-1所示。

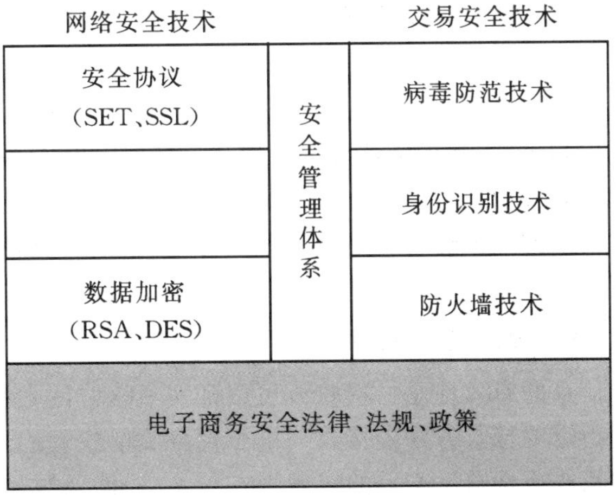

网络安全技术		交易安全技术
安全协议 (SET、SSL)	安 全 管 理 体 系	病毒防范技术
		身份识别技术
数据加密 (RSA、DES)		防火墙技术
电子商务安全法律、法规、政策		

图7-1　电子商务安全系统架构

二、电子商务的安全威胁

在电子商务广泛应用的同时,其安全性越来越受到人们的关注。统计表明,人们对网络交易,特别是网络支付的安全顾虑,已经成为阻碍电子商务发展和普及的重要因素。事实上,由于在 Internet 设计之初,更多地考虑了方便性、开放性,缺乏安全控制技术设计,使得 Internet 非常脆弱,极易受到黑客的攻击或有组织的群体的入侵,也会由于系统内部人员的不规范使用和恶意破坏,使得网络信息系统遭到破坏,信息泄露。

电子商务中的安全隐患主要表现为以下类型:

(1)信息截获和窃取。截获传输的机密信息,如客户的银行账号、密码以及企业的商业机密等。

(2)信息篡改。如改变信息流的次序,更改信息的内容,如购买商品的出货地址;或者删除某个消息或消息的某些部分;或者在信息中插入一些让接收方读不懂或接收错误的信息。

(3)信息假冒。假冒合法用户或发送假冒信息来欺骗其他用户。如通过钓鱼网站,给用户发电子邮件或收/订货单欺骗合法主机及合法用户。

(4)交易抵赖。交易抵赖包括多个方面,如发信者事后否认曾经发送过某条信息或内容;收信者事后否认曾经收到过某条信息或内容;购买者下了订货单不承认;商家卖出的商品因价格差而不承认原有的交易。

三、电子商务交易安全的条件

一个安全的电子商务交易系统,必须满足以下几个条件。

(一)信息的保密性

信息的保密性是指信息在传输或存储过程中不被他人窃取。因此在信息传输中一般均有进行加密的要求,同时在必要的节点设置防火墙。在利用网络进行的交易中,要预防信息大量传输过程中被非法窃取,如信用卡的账号和用户名等不能被他人知悉,必须确保只有合法用户才能看到数据。

(二)信息的完整性

信息的完整性包括信息传输和存储两个方面。数据传输过程中的信息丢失、信息重复或信息传送的次序差异会导致交易各方信息的不同,所以在传输中要防止数据传送过程中信息的丢失和重复,并保证信息传送次序的统一。在存储方面,要预防对信息的随意生成、修改和删除。此外,由于数据输入时的意外差错或欺诈行为也可能导致交易各方信息的差异。交易各方信息的完整性将影响到交易各方的交易和经营活动,电子商务系统信息存储必须保证正确无误。

(三)信息的有效性

信息的有效性是指接收方可以证实所接收的数据是原发方发出的;而原发方也可以证实只有指定的接收方才能接收。电子商务交易中,一旦签订合同后,这项交易就应受到保护以防止被篡改或伪造。交易的有效性在价格、时间及数量条款方面显得尤为重要。

(四)信息的不可否认性

信息的不可否认性是指信息的发送方在发送信息后不能否认,接收方不能否认已收到的信息。在实际交易中,交易一旦达成是不能被否认的,否则正常的交易就不能进行。例如订购黄金,订货时金价较低,但收到订单后,金价上涨了,如收单方能否认收到订单的实际时间,甚至否认收到订单的事实,则订货方就会蒙受损失。因此电子交易通信过程的各个环节都必须是不可否认的。

(五)交易者身份的真实性

交易者身份的真实性是指交易双方是确实存在的,不是假冒的。网上交易的双方很可能素昧平生,相隔千里,要使交易成功,能方便而可靠地确认双方身份是交易的前提。

第二节　农产品电子商务网店安全

一、网店的安全威胁和风险类型

网店安全是一个复杂的系统问题,在开设网店的过程中会涉及可靠性、真实性、机密性、完整性和不可抵赖性这几个要素,通过对网店开展过程中遇到的问题的归纳,可把网店的安全威胁和风险类型总结为电子商务系统基础安全威胁、网络安全威胁和交易风险等三个方面。

(一)电子商务系统基础安全威胁

电子商务的核心是通过网络技术来传递商业信息并展开交易,所以,解决电子商务系统的硬件安全、软件安全和系统运行安全等实体安全问题成为实现电子商务安全的基础。电子商务系统的硬件和软件安全是产生威胁的主要方面,电子商务系统运行安全是指保护系统能连续正常地运行,在这里主要讲述前两个。

电子商务系统硬件(物理)安全是指保护计算机系统硬件的安全,包括计算机的电器特性、防电防磁以及计算机网络设备的安全,受到物理保护而免于破坏、丢失等,保证其自身的可靠性和为系统提供基本安全机制。计算机硬件是指计算机所用的芯片、板卡及输入输出等设备,CPU、内存条、南桥、北桥、BIOS等都属于芯片;显卡、网卡、声卡、控制卡等属于板卡;键盘、显示器、打印机、扫描仪等,属于输入输出设备。这些芯片和硬件设备也会对系统安全构成威胁。

电子商务系统软件安全是指保护软件和数据不被篡改、破坏和非法复制。系统软件安全的目标是使计算机软件系统逻辑上安全,主要是使系统中信息的存取、处理和传输满足系统安全策略的要求。根据计算机软件系统的组成,软件安全可分为操作系统安全、数据库安全、网络软件安全、通信软件安全和应用软件安全。计算机软件面临的主要威胁有非法复制、软件跟踪和软件本身的质量问题。计算机软件在开发出来以后,总有人利用各种程序调试分析工具对程序进行跟踪和逐条运行、窃取软件源码、取消防拷贝和加密功能,从而实现对软件的动态破译。由于种种原因,软件开发商所提供的软件不可避免地存在这样或那样的缺陷,通常把软件中存在的这些缺陷称之为漏洞,这些漏洞严重威胁了软件系统的安全。在发现软件的安全漏洞以后,软件公司采取的办法多数是发布"补丁"程序,以修正软件中所出现的问题。

(二)网络安全威胁

随着信息化社会的发展,信息在社会中的地位和作用越来越重要。Internet为人类交换信息,促进科学、技术、文化、教育、生产的发展,提高现代人的生活质量提供了极大的便利,但同时对国家、单位和个人的信息安全带来极大的威胁。一些不法分子会采用各种攻击手段进行破坏活动,他们对网络系统的主要威胁有系统穿透、违反授权原则、植入、通信监视、拒绝服务五方面。

(1)系统穿透。未经授权而不能接入系统的人通过一定手段对认证性进行攻击,假冒合法人接入系统,实现对文件进行篡改、窃取机密信息、非法使用资源等。一般采取伪装或利用系统的薄弱环节(如绕过检测控制)、收集情报(如口令)等方式实现。

(2)违反授权原则。一个授权进入系统做某件事的合法用户,他在系统中做未经授权的其他事情,将威胁系统的安全。

(3)植入。一般在系统穿透或违反授权攻击成功之后,入侵者为了给以后的攻击提供方便,常常在系统中植入一种能力,如向系统中注入病毒、后门、逻辑炸弹、特洛伊木马等来破坏系统工作。特洛伊木马是一种在完成正常工作的背后隐藏的为入侵者特定目的服务的程序,如一种表面上工作正常的邮件发送工具能将所有发往某地址的信件复制并发送到攻击者指定的信箱。

(4)通信监视。这是在通信过程中从信道进行搭线窃听的方式。软硬件皆可以实现,硬件通过无线电和电磁泄漏等来截获信息,软件则是利用信息在 Internet 上传输的特点对流过本机的信息流进行截获和分析。

(5)拒绝服务。这指的是系统由于被破坏者攻击而拒绝给合法的用户提供正常的服务。例如,在 Win NT 的早先版本的服务器中就有漏洞,破坏者可以利用它将大量垃圾信息发往某个特定的端口,使服务器因为处理这些请求而占用大量资源,从而不能处理合法用户的正常请求。

(三)交易风险

由于互联网早期构建时并未考虑到以后的商业应用,只是为了便于军队及教学科研人员从事研究工作,利用网络实现异地研究机构的计算资源共享和科研数据的交换。使用的 TCP/P 协议及源码开放与共享策略,为后来的商业应用带来了一系列安全隐患。因此,互联网用于商业领域以后,有其先天不足,尤其是从事安全性很高的电子商务活动,其隐患可想而知。在网上交易过程中,买卖双方是通过网络来联系,因而建立交易双方的安全和信任关系相当困难。

卖方(销售者)面临的风险主要有中央系统安全性被破坏、竞争者检索商品递送状况、客户资料被竞争者获悉、被他人假冒而损害公司的信誉、虚假订单、买方提交订单后不付款、获取他人机密数据等。

买方(消费者)面临的风险主要有被他人假冒、付款后不能收到商品、信息被泄露、拒绝服务等。

二、网店的安全管理

(一)提高网络安全防范意识

现在许多企业没有意识到互联网的易受攻击性,盲目相信国外的加密软件,对于系统的访问权限和密钥缺乏有力度的管理。这样的系统一旦受到攻击将十分脆弱,其中的机密数据得不到应有的保护。据调查,目前国内 90%的网站存在安全问题。其主要原因是企业管理者缺少或没有安全意识。某些企业网络管理员甚至认为公司规模较小,不会成为黑客的攻击目标,如此态度,网络安全更是无从谈起。应定期由公司或安全管理小组承办信息安全讲座,提高网络安全防范意识,才能有效减少网络安全事故的发生。

(二)制定信息安全策略

电子商务交易过程中,需要明确的安全策略主要包括客户认证策略、加密策略、日常维护策略、防病毒策略等安全技术方案的选择。安全执行机构应根据信息网络的实际情况制定相应的信息安全策略,策略中应明确安全的定义、目标、范围和管理责任,并制定安全策略的实施细则。在发生重大的安全事故、发现新的脆弱性、组织体系或技术上发生变更时,应重新进行安全策略的审查和评估。

(三)完善网络系统的日常维护制度

企业网络系统的日常维护就是针对内部网的日常管理和维护,是一件非常繁重的工作。对网络系统的日常维护可以从几个方面进行:一是对于可管设备,通过安装网管软件进行系统故障诊断、显示及通告,网络流量与状态的监控、统计与分析,以及网络性能调优、负载平衡等;二是对于不可管设备应通过手工操作来检查状态。做到定期检查与随机抽查相结合,以便及时、准确地掌握网络的运行状况,一旦有故障发生能及时处理;三是定期进行数据备份,数据备份与恢复主要是利用多种介质,如磁介质、纸介质、光碟、微缩载体等,对信息系统数据进行存储、备份和恢复。这种保护措施还包括对系统设备的备份。

(四)人员安全的管理和培训

参与网上交易的经营管理人员在很大程度上支配着企业的命运,他们承担着防范网络犯罪的任务。而计算机网络犯罪同一般犯罪不同的是,他们具有智能性、隐蔽性、连续性、高效性的特点,因而,加强对有关人员的管理变得十分重要。落实工作责任制,在岗位职责中明确本岗位执行安全政策的常规职责和本岗位保护特定资产、执行特定安全过程或活动的特别职责,对违反网上交易安全规定的人员要进行及时处理。贯彻网上交易安全运作基本原则,包括职责分离、双人负责、任期有限、最小权限、个人可信赖性等。

(五)完善保密制度

网上交易涉及企业的市场、生产、财务、供应等多方面的机密,必须实行严格的保密制度。保密制度需要很好地划分信息的安全级别,确定安全防范重点,并提出相应的保密措施。

(六)完善跟踪、审计、稽核制度

跟踪制度要求企业建立网络交易系统日志机制,用来记录系统运行的全过程。系统日志文件是自动生成的,其内容包括操作日期、操作方式、登录次数、运行时间、交易内容等。它对系统的运行进行监督、维护分析、故障恢复,这对于防止案件的发生或在案件发生后,为侦破工作提供监督数据,起着非常重要的作用。

审计制度包括经常对系统日志的检查、审核,及时发现对系统故意入侵行为的记录和对系统安全功能违反的记录,监控和捕捉各种安全事件,保存、维护和管理系统日志。

稽核制度是指工商管理、银行、税务人员利用计算机及网络系统,借助于稽核业务应用软件调阅、查询、审核、判断辖区内各电子商务参与单位业务经营活动的合理性、安全任,堵塞漏洞,保证网上交易安全,发出相应的警示或作出处理处罚的有关决定的一系列步骤及措施。

第三节 电子支付安全

一、电子支付的基本风险

支付电子化,即给消费者带来便利,也为银行业带来新的机遇,同时也对相关主体提出了挑战。电子支付面临多种风险,主要包括经济波动及电子支付本身的技术风险,也包括交易风险、信用风险等。金融系统中传统意义上的风险在电子支付中表现得尤为突出。

(一)经济波动的风险

电子支付系统面临着与传统金融活动同样的经济周期性波动的风险。同时,由于它具有信息化、国际化、网络化、无形化的特点,电子支付所面临的风险扩散更快、危害性更大。一旦金融机构出现风险,很容易通过网络迅速在整个金融体系中引起连锁反应,引发全局性、系统性的金融风险,从而导致经济秩序的混乱,甚至引发严重的经济危机。

(二)电子支付系统的风险

首先是软硬件系统风险。从整体看,电子支付的业务操作和大量的风险控制工作均由电脑软件系统完成。全球电子信息系统的技术和管理中的缺陷或问题成为电子支付运行的最为重要的系统风险。在与客户的信息传输中,如果该系统与客户终端的软件互不兼容或出现故障,就存在传输中断或速度降低的可能。此外,系统停机、磁盘列阵破坏等不确定性因素,也会形成系统风险。根据对发达国家不同行业的调查,电脑系统停机等因素对不同行业造成的损失各不相同。其中,对金融业的影响最大。发达国家零售和金融业的经营服务已在相当程度上依赖于信息系统的运行。信息系统的平衡、可靠和安全运行成为电子支付各系统安全的重要保障。

其次是外部支持风险。由于网络技术的高度知识化和专业性,又出于对降低运营成本的考虑,金融机构往往要依赖外部市场的服务支持来解决内部的技术或管理难题,如聘请金融机构之外的专家来支持或直接操作各种网上业务活动。这种做法适应了电子支付发展的要求,但也使自身暴露在可能出现的操作风险之中,外部的技术支持者可能并不具备满足金融机构要求的足够能力,也可能因为自身的财务困难而终止提供服务,可能对金融机构的信息安全造成威胁。在所有的系统风险中,最具有技术性的系统风险是电子支付信息技术选择的失误。当各种网上业务的解决方案层出不穷,不同的信息技术公司大力推举各自的方案,系统兼容性可能出现问题的情况下,选择错误将不利于系统与网络的有效连接,还会造成巨大的技术机会损失,甚至蒙受巨大的商业机会损失。

(三)交易风险

电子支付主要是服务于电子商务的需要,而电子商务在网络上的交易由于交易制度设计的缺陷、技术路线设计的缺陷、技术安全缺陷等因素,可能导致交易中的风险。这种风险是电子商务活动及其相关电子支付独有的风险,它不仅可能局限于交易各方、支付的各方,而且可能导致整个支付系统的系统性风险。

二、电子支付的操作风险

电子支付加大了风险,也使得其影响范围扩大了,某个环节存在的风险对整个机构,甚至金融系统都可能存在潜在的影响。互联网和其他信息技术领域的进步所带来的潜在损失已经远远超过了受害的个体所能承受的范围,已经影响到经济安全。这种情况与技术有着直接的关系,其中,表现最为突出的是操作风险。电子货币的许多风险都可以归纳为操作风险。一些从事电子货币业务的犯罪分子伪造电子货币,给银行带来直接的经济损失。这些罪犯不仅来自银行外部,有时还来自银行内部,对银行造成的威胁更大。

(一)电子扒手

一些被称为"电子扒手"的银行偷窃者专门窃取别人网络地址,这类窃案近年呈迅速上升趋势。一些窃贼或因商业利益,或因对所在银行或企业不满,甚至因好奇盗取银行和企业密码浏览企业核心机密,甚至将盗取的秘密卖给竞争对手。美国的银行每年在网络上被偷窃的资金达6000万美元,而每年在网络上企图电子盗窃作案的总数高达5亿~100亿美元,持枪抢劫银行的平均作案值是7500美元,而"电子扒手"平均作案值是25万美元。"电子扒手"多数为解读密码的高手,作案手段隐蔽,不易被抓获。

(二)网上诈骗

网上诈骗包括市场操纵、知情人交易、无照经纪人、投资顾问活动。欺骗性或不正当销售活动、误导进行高科技投资等互联网诈骗。据北美证券管理者协会调查,网上诈骗每年估计使投资损失100亿美元。

(三)网上黑客攻击

网上黑客即所谓非法入侵电脑系统者,网上黑客攻击对国家金融安全的潜在风险极大。目前,黑客行动几乎涉及了所有的操作系统,包括UNIX与Windows NT。因为许多网络系统都有着各种各样的安全漏洞,其中,某些是操作系统本身的,有些是管理员配置错误引起的。黑客利用网上的任何漏洞和缺陷修改网页,非法进入主机,进入银行盗取和转移资金、窃取信息、发送假冒的电子邮件等。

(四)电脑病毒破坏

电脑网络病毒破坏性极强。以Novell网为例,一旦文件服务器的硬盘被病毒感染,就可能造成NetWare分区中的某些区域上内容的损坏,使网络服务器无法启动,导致整个网络瘫痪,这对电子支付系统来说无疑是灭顶之灾。电脑网络病毒普遍具有较强的再生功能,一接触就可通过网络进行扩散与传染。一旦某个程序被感染了,很快整台机器、整个网络也会被感染的。据有关资料介绍,在网络上病毒传播的速度是单机的几十倍,这对于电子支付的威胁同样也是致命的。鉴于电脑网络病毒破坏性极强,再生机制十分发达,扩散面非常广的特点,如何解决电脑网络病毒,是当前电子支付监管要解决的首要问题之一。

(五)信息污染

正如在工业革命时期存在工业污染,信息时代也有信息污染和信息爆炸问题。大量与问题无关的或失真的信息不是资源而是灾难。美国在线公司每天处理的3000万份电子信件中,最多时有1/3是网上垃圾,占据了很多宝贵的网络资源,加重了互联网的负担,影响了电子支付发送和接收网络信息的效率,更严重的是信息堵塞及其他附带风险也随之增加。

三、电子支付的法律风险

电子支付业务常涉及银行法、证券法、消费者权益保护法、财务披露制度、隐私保护法、知识产权法和货币银行制度等。目前,全球对于电子支付立法相对滞后,现行许多法律都是适用于传统金融业务形式的。在电子支付业务中出现了许多新的问题。如发行电子货币的主体资格、电子货币发行量的控制、电子支付业务资格的确定、电子支付活动的监管、客户应负的义务与银行应承担的责任等,对这些问题各国都还缺乏相应的法律、法规加以规范。以网上贷款为例，就连网上贷款业务发展较早的中国台湾金融监管部门也没有相关法令规范这一新兴业务。其监管机构目前能做的只是对银行提交的契约范本进行核准。缺乏法律规范调整的后果表现在两个方面，要么司法者或仲裁者必须用传统的法律规则和法律工具来分析网上业务产生的争议；要么法官或仲裁者不得不放弃受理这类纠纷。由于网络纠纷的特殊性，用传统法律规则来解决是一个非常吃力的问题；但是，消极地拒绝受理有关争议同样无助于问题的解决。法律规定的欠缺，使得金融机构面临巨大的法律风险。

目前，在电子支付业务的许多方面，没有任何法律法规可用于规范业务及各方关系，而在电子支付业务的有些方面，虽然已有一些传统的法律法规，但其是否应该适用，适用程度如何，当事人都不太清楚，有的时候监管机构也未必明白。在这种情况下，当事人一方面可能不愿意从事这样的活动，另一方面也可能在出现争执以后，谁也说服不了谁，解决不了问题。例如，在处理银行与客户的关系方面，现有的法律总是更倾向于保护客户，为银行规定了更严格的义务，美国1978年《电子资金转移法》规定银行在向客户提供ATM卡等借记卡服务的时候，必须向客户披露一系列信息，否则，银行要面临潜在的风险。而电子货币，特别是智能卡出现以后，智能卡是否需要披露同样的信息。即便是监管机构也无法立刻作出决定。

因为两种卡的性能完全不一样，要求借记卡业务披露的信息可能对于智能卡来讲没有任何意义，而且有的时候要求过于严格，造成发卡银行成本过大，又会阻碍业务的发展。在这种情况下，开展此项业务的银行就会处于两难的境地，以后一旦出现争议或诉讼，谁也无法预料会出现什么样的后果。

类似的情况在电子支付的其他许多新业务中同样存在。如有的银行在互联网上建立自己的主页，并做了许多链接点，把自己的网址链接到其他机构的网址上。如果黑客利用这些链接点来欺诈银行的客户，客户有可能会提起诉讼，要求银行赔偿损失。又如一些银行可能会承担认证机构的职能，并以此作为自己的一项新的业务，通过提供认证服务收取相应的服务费用。那么，作为认证机构的银行和申请认证的机构或个人以及接受认证证书的机构之间就可能存在潜在的争议，一旦出现争执，银行的权利义务如何，尤其是在没有相关立法调整数字签名和认证机构的国家，银行面临的风险更大。

此外，电子支付还面临洗钱、客户隐私权、网络交易等其他方面的法律风险，这就要求银行在从事新的电子支付业务时，必须对其面临的法律风险认真分析与研究。

四、电子支付的其他风险

除了基本风险、操作风险和法律风险以外，电子支付还面临着市场风险、信用风险、流动性风险、声誉风险和结算风险等。

(一) 市场风险

电子支付机构的各个资产项目因市场价格波动而蒙受损失的可能性，外汇汇率变动带来的汇率风险即是市场风险的一种。此外，国际市场主要商品价格的变动及主要国际结算货币银行国家的经济状况等因素，也会间接引发市场波动，构成电子支付的市场风险。

(二) 信用风险

交易方在到期日不完全履行其义务的风险。电子支付拓展金融服务业务的方式与传统金融不同，其虚拟化服务业务形成了突破地理国界限制的无边界金融服务特征，对金融交易的信用结构要求更高,更趋合理,金融机构可能会面临更大的信用风险。以网上银行为例,网上银行通过远程通信手段,借助信用确认程序对借款者的信用等级进行评估,这样的评估有可能增加网上银行的信用风险。因为,借款人很可能不履行对电子货币的借贷应承担的义务,或者由于借贷人网络上运行的金融信用评估系统不健全造成信用评估失误。此外,从电子货币发行者处购买电子货币并用于转卖的国际银行,也会由于发行者不兑现电子货币而承担信用风险。有时电子货币发行机构将出售电子货币所获得的资金进行投资,如果被投资方不履行业务,就可能为发行人带来信用风险。总之,只要同电子支付机构交易的另外一方不履行义务,都会给电子支付机构带来信用风险。因信用保障体系的不健全,目前网上出现了种种交易问题,开玩笑的、恶性交易的,甚至于专门在网上进行诈骗的,都有发生的案例。市场经济不能没有信用,信用可以减少市场交易费用。只有交易双方有足够的信用度,交易才有可能完成,否则,任何交易都需要面对面、以货易货地进行,缺乏信用最典型的交易案例便是物物交易。面对面交易或者物物交易不仅增加交易费用,而且将交易的规模限制在一个很小的范围内。

社会信用体系的不健全是信用风险存在的根本原因,也是制约电子支付业务甚至电子商务发展的重要因素。

(三) 流动性风险

当电子支付机构没有足够的资金满足客户兑现电子货币或结算需求时,就会面临流动性风险。一般情况下,电子支付机构常常会因为流动性风险而恶性循环地陷入声誉风险中,只要电子支付机构某一时刻无法以合理的成本迅速增加负债或变现资产、以获得足够的资金来偿还债务,这就存在流动性风险,这种风险主要发生在电子货币的发行人身上。发行人将出售电子货币的资金进行投资,当客户要求赎回电子货币的时候,投资的资产可能无法迅速变现,或者会造成重大损失,从而使发行人遭受流动性风险,同时引发声誉风险。流动风险与声誉风险往往联在一起,成为相互关联的风险共同体。电子货币的流动性风险同电子货币的发行规模和余额有关,发行规模越大,用于结算的余额越大,发行者不能等值赎回其发行的电子货币或缺乏足够的清算资金,其流动性风险问题就越严重。

由于电子货币的流动性强,电子支付机构面临比传统金融机构更大的流动性风险。

(四) 声誉风险

与传统风险比较,电子支付机构面临的声誉风险显得更为严重。以网上银行为例,传统业务中,最常见的声誉风险表现为一家银行出了财务问题以后,导致大量的储户挤兑。网上银行产生声誉风险的原因与传统业务有时候一样,有时候也不一样。不一样的是,网上银行可能由于技术设备的故障、由于系统的缺陷,导致客户失去对该银行的信心。重大的安全事故等会引起电子支付机构产生声誉风险。如新闻媒体报道某家银行被黑客入侵,尽管可能没有造成任何损失,但是,客户会立刻对该银行的安全性能产生怀疑。网上银行的业务处在发展初期,客户对安全存在潜在的不信任,声誉风险的出现对网上银行业务的影响尤其大。

(五) 结算风险

清算系统的国际化,大大提高了国际结算风险。基于电子化支付清算系统的各类金融交易,发达国家国内每日汇划的日处理件数可以达到几百甚至上千万件。

五、电子支付的风险防范

(一)防范电子支付风险的技术措施

(1)建立网络安全防护体系,防范系统风险与操作风险。不断采用新的安全技术来确保电子支付的信息流通和操作安全,如防火墙、滤波和加密技术等,要加快发展更安全的信息安全技术,包括更强的加密技术、网络使用记录检查评定技术、人体特征识别技术等。

(2)发展数据库及数据仓库技术,建立大型电子支付数据仓库或决策支持系统,防范信用风险、市场风险等金融风险。

(3)加速金融工程学科的研究、开发和利用。

(4)通过管理、培训手段来防止金融风险的发生。

具体的技术防范细节还有很多,如为了防止黑客的入侵,防止内部人员随意泄露有关的资料和信息,密码技术被广泛地应用。但是,并不是所有的信息都一样重要。一些监管机构要求银行首先要对资料进行分类,分成"高度机密""机密"和"公开"信息三类,不同种类的信息采取的保密措施不同。对于高度机密信息,在储存和通过内部网络传送时必须加密。在技术和资金允许的情况下,可以尽量采用更强一些的密钥。同时,要强化密钥的管理,建立有效的密钥管理方式,如保护密钥不受篡改和违法使用,根据资料的秘密程度,定期更换密钥。至于通过公开网络如互联网传递的信息,都必须进行加密。

(二)加强电子支付立法建设

一方面,电子支付业务的迅速发展,导致了许多新的问题与矛盾,也使得立法相对滞后;另一方面,电子支付涉及的范围相当广泛,也给立法工作带来了一定的难度。在电子支付的发展过程中,为了防范各种可能的风险,不但要提高技术措施,健全管理制度,还要加强立法建设。

针对目前电子支付活动中出现的问题,应建立相关的法律,以规范电子支付参与者的行为。对电子支付业务操作、电子资金划拨的风险责任进行规范,制定电子支付的犯罪案件管辖、仲裁等规则。对电子商务的安全保密也必须有法律保障,对电脑犯罪、电脑泄密、窃取商业和金融机密等也要有相应的法律制裁,以逐步形成有法律许可、法律保障和法律约束的电子支付环境。

(三)电子支付风险管理的其他方面

技术安全措施在电子支付的风险管理中占有很重要的位置,这也是电子支付风险管理的一个比较明显的特点。但电子支付的风险管理并不仅仅限于技术安全措施的采用,而是一系列风险管理控制措施的总和。

1. 管理外部资源

目前,电子支付的一个趋势是越来越多的外部技术厂商参与到银行的电子化业务中来,可能是一次性地提供机器设备,也可能是长期地提供技术支持。外部厂商的参与使银行能够减少成本、提高技术水平,但这加重了银行所承担的风险。为此,银行应该采用有关措施,对外部资源进行有效管理。例如,要求有权对外部厂商的运作和财务状况进行检查和监控,通过合同明确双方的权利和义务,包括出现技术故障或消费者不满意的时候,技术厂商应该承担的责任。同时,还要考虑并准备一旦某一技术厂商出现问题时的其他可替代资源。作为监管机构,也需要保持对与银行有联系的技术厂商的监管。

2. 建立健全金融网络内部管理体系

要确保网络系统的安全与保密,除了对工作环境建立一系列的安全保密措施外,还要建立健全金融网络的各项内部管理制度。

建立健全电脑机房的各项管理制度并加以严格执行,是目前保障金融网络系统安全的有效手段。机房管理制度不仅包括机房工作人员的管理,而且还包括对机房内数据信息的管理、电脑系统运行的管理等,要求操作人员按照规定的流程进行操作,保证信息资料的保密性和安全性达到要求。

3. 建立应急计划

电子支付给客户带来了便利,但可能会在瞬间内出现故障,让银行和客户无所适从。因此,建立相应的应急计划和容错系统显得非常重要。应急计划包括一系列措施和安排,例如,资料的恢复措施、替代的业务处理设备、负责应急措施的人员安排、支援客户的措施等,这些应急的设施必须定期加以检测,保证一旦出事之后,确实能够安排运作。

第四节　电子商务安全常用方法

一、防火墙技术

防火墙是一种形象的说法,其实它是一种由软件和计算机硬件设备组合而成的一个或一组系统,用于增强内部网络和外部网络之间、专用网与公共网之间的访问控制。防火墙系统决定了哪些内部服务可以被外界访问,外界的哪些人可以访问内部的哪些服务,内部人员可以访问哪些外部服务等。设立防火墙后,所有来自和去向外界的信息都必须经过防火墙,接受防火墙的检查。因此,防火墙是网络之间一种特殊的访问控制,是一种保护屏障,从而保护内部网免受非法用户的侵入。

防火墙的主要技术包括分组过滤技术、代理服务器技术和状态检测技术。

(1) 分组过滤技术是最早的防火墙技术,它根据数据分组头的信息来确定是否允许该分组通过,为此要求用户制定过滤规则,这种技术基于网络层和传输层,是一种简单的安全性措施,但不能过滤应用层的攻击行为。目前的防火墙主要是根据分组的 IP 源地址、IP 目标地址、源端口号、目标端口号以及协议类型进行过滤。

(2) 代理服务器技术是应用层的技术,它用代理服务器来代替内部网用户接收外部的数据,取出应用层的信息并经过检查后,再建立一条新的会话连接将数据转交给内部网用户主机。由于内部主机与外部主机不进行直接的通信连接,而是通过防火墙的应用层进行转交,所以可以较好地保证安全性,但是它要求应用层数据中不包含加密、压缩的数据,否则应用层的代理就很难实现安全检测。

(3) 状态检测技术是基于会话层的技术,它对外部的连接和通信行为进行状态检测,阻止可能具有攻击性的行为,从而抵御网络攻击。新型防火墙产品中还增加了计算机病毒检测和防护技术、垃圾邮件过滤技术、Web 过滤技术等。随着网络上攻击行为的变化,用户对防火墙也不断提出新的要求。

二、虚拟专用网技术

虚拟专用网(virtual private network,VPN)技术是一种在公用互联网络上构造企业专用网络的技术。通过 VPN 技术,可以实现企业不同网络的组件和资源之间的相互连接,它能够利用 Internet 或其他公共互联网络的基础设施为用户创建隧道,并提供与专用网络一样的安全和功能保障。虚拟专用网络允许远程通信方、销售人员或企业分支机构使用 Internet 等公共互联网络的路由基础设计,以安全的方式与位于企业内部网内的服务器建立连接。VPN 对用户端透明,用户好像使用一条专用路线在客户计算机和企业服务器之间建立点对点连接,进行数据的传输。

三、反病毒技术

早在 1949 年,计算机的先驱者冯·诺依曼在他的论文《复杂自动机组织论》中提出,计算机程序能够在内存中自我复制,即把病毒程序的特征勾勒出来,但在当时绝大部分的计算机专家都无法想象这种会自我繁殖的程序。计算机病毒是指编制或者在计算机正常程序中插入的破坏计算机功能或者毁坏数据以影响计算机使用,并能自我复制的一组计算机指令或者程序代码,计算机病毒的防治要从防毒、查毒、解毒等三个方面进行。

四、入侵检测技术

防火墙是一种隔离控制技术,一旦入侵者进入了系统,他们便不受任何阻挡。它不能主动检测和分析网络内外的危险行为,捕捉侵入罪证。而入侵检测系统能够监视和跟踪系统、事件、安全记录和系统日志以及网络中的数据包,识别出任何不希望进行的活动,在入侵者对系统产生危害前,检测到入侵攻击,并利用报警与防护系统进行报警、阻断等响应。入侵检测系统从计算机网络系统中的关键点收集信息,并分析这些信息,利用模式匹配或异常检测技术来检查网络是否有违反策略的行为和遭到袭击的迹象,是对防火墙的合理补充。入侵检测系统一般由控制中心和探测引擎两部分组成。

入侵检测系统模型根据信息源的不同,分为基于主机的入侵检测系统和基于网络的入侵检测系统两大类。一是基于主机的入侵检测系统的数据源是所在主机的系统日志、应用程序日志或以其他手段从所在主机收集的信息等,主机型入侵检测系统保护的一般是所在的主机系统。二是基于网络的入侵检测系统的数据源是网络上的数据包。通过监听网络中的分组数据包来获得分析攻击的数据源。

它通常使用报文的模式匹配或模式匹配序列来定义规则,按测时将监听到的报文与规则相比较,根据比较的结果来判断是否有非正常的网络行为。一般网络型入侵检测系统担负着保护整个网段的任务。

入侵检测技术可分为特征检测和异常检测。

(1)特征检测。这一检测假设入侵者活动可以用一种模式来表示,系统的目标是检测主体活动是否符合这些模式。它可以将已有的入侵方法检查出来,但对新的入侵方法无能为力。其难点在于如何设计既能够表达"入侵"现象又不会将正常的活动包含进来的模式。

(2)异常检测。假设入侵者活动异于正常主体的活动,根据这一理念建立主体正常活动的"活动简档",将当前主体的活动状况与"活动简档"相比较,当违反其统计规律时,认为该活动可能是"入侵"行为。异常检测的难题在于如何建立"活动简档"以及如何设计统计算法,从而不把正常的操作作为"入侵"或忽略真正的"入侵"行为。

五、加密技术

在密码学中,原始消息称为明文,加密结果称为密文。数据加密和解密是逆过程,加密是用加密算法和加密密钥,将明文变换成密文;解密是用解密算法和解密密钥将密文还原成明文。加密技术包括两个要素:算法和密钥。数据加密是保护数据传输安全唯一实用的方法和保证存储数据安全有效的方法。

六、认证技术

认证又称鉴别,是验证通信对象是原定者而不是冒名顶替者,或者确认消息是希望的而不是伪造的或被篡改过的。数据加密能够解决网络通信中的信息保密问题,但是不能够验证网络通信对方身份的真实性。因此,数据加密仅解决了网络安全问题的一半,另一半需要安全认证技术解决。

(一)消息认证

消息认证是用来验证接收的消息是否是它所声称的实体发来的,消息是否被篡改、插入和删除过,同时还可用来验证消息的顺序性和时间性。没有消息认证的通信系统是极为危险的。

(二)身份认证

身份认证是声称者向验证者出示自己身份的证明过程,证实客户的真实身份与其所声称的身份是否相符。身份认证又称身份鉴别、实体认证和身份识别。在电子商务活动中,身份认证是保证双方交易得以安全可靠实施的前提。

目前,有很多身份认证的方法,从认证需要使用的条件来看,可以分为单因子认证和双因子认证。单因子认证仅使用一种条件来判断用户的身份,双因子认证通过组合两种不同条件来证明一个人的身份。按是否使用硬件可以分为软件认证和硬件认证;按是否采用密钥机制可以分为非密钥机制的认证和基于密钥机制的认证;按认证信息可以分为静态认证和动态认证。身份认证技术的发展,经历了从软件认证到硬件认证,从单因子认证到双因子认证,从静态认证到动态认证的过程。

身份认证一般基于客户拥有什么,如令牌、智能卡或者ID卡,客户知道什么,如静态密码,客户有什么特征,如指纹、虹膜和脑电波等。常见身份认证技术包括口令认证、IC卡认证。

随着网络和黑客技术发展,静态口令认证已经被证明是不安全的,静态的密码方案不能抵御截取/重放攻击、字典攻击,且密码容易忘记,所以,其安全性是很低的,不能满足电子商务中身份认证的要求。目前,一些较成熟的身份认证技术,基本上采用硬件来实现,如IC卡和USB Key认证技术等。

七、数字签名

书信或者文件是根据亲笔签名或盖章来证明其真实性,在计算机网络中传送的文件以及电子邮件通过数字签名来模拟现实中的签名效果。数字签名并非是书面签名的数字图像化。数字签名,就是通过加密算法生成系列符号及代码组成电子密码进行签名。用户采用自己的私钥对信息加以处理,由于密钥仅为本人所有,这样就产生了别人无法生成的文件,也就形成了数字签名,以保证信息传输过程中信息的完整性、真实性和不可抵赖性。使用数字签名和传统签名的目的是一致的。即:①保证信息是由签名者自己签名发送的,签名者不能否认或难以否认。②接收方可以验证信息自签发后到收到为止未曾作过任何修改,签发的文件是真实文件。

实现数字签名的方法很多,目前的数字签名技术主要采用公开密钥加密技术,如 RSA 签名、DSS(digital signature standard)签名和 Hash 签名等。它是公开密钥加密技术的一种应用。

案例拓展

爱尚鲜花:重塑千亿鲜花供应链[①]

一、鲜花创业

(一)工厂保安的传奇经历

爱尚鲜花创始人邹小锋出生在湖北罗田县一个偏远的乡村,2000 年他出来打工,在台州的一家制鞋厂里做保安工作。2008 年,在一场相亲会上,小小打工仔邂逅了漂亮金领,邹小锋以鲜花拴住爱情,又在鲜花中抓住了商机,创办了爱尚鲜花速递网。

(二)鲜花消费的痛点

在诸多时限消费品中,鲜切花属于非标产品,容易腐烂且保质期短。

当鲜花从植株上采摘下来的那一刻,它的鲜度沙漏就开始进入倒计时,而传统供应链过长,鲜花会在流转过程中受温度、湿度、储藏环境及物流环节等因素的影响。

从基地采摘到送花到家,冗长的环节,对鲜花的新鲜度造成很大伤害,无形之中损耗了消费者选择鲜花的最终利益点:鲜花观赏时长短,消费预约度不高。

(三)以互联网重塑传统鲜花供应链

据统计,中国鲜花消费市场已经达到千亿级别。为了改变传统鲜花供应链痛点,爱尚鲜花借助互联网的力量,以全球鲜花直送和同城 O2O 鲜花速递两大业务为依托,逐渐整合与变革鲜花产业链,完成产业布局。

在上游,爱尚鲜花整合全球五大鲜花基地,包括对荷兰郁金香和七彩玫瑰、厄瓜多尔皇家玫瑰、泰国叻丕府洋兰花、法国普罗旺斯薰衣草等都拥有进口总经销权,并在中国昆明和辽宁战略收购、参股了 10000 多亩现代化鲜花种植基地。

在中游,爱尚鲜花以官网为中心,覆盖了各大网上零售平台;同时通过 B2B 平台,为线下加盟花店批发供货。在下游,爱尚鲜花已经发展加盟及合作花店 12000 多家,开展 O2O 同城鲜花速递业务。

未来,爱尚鲜花将会继续深度整合线下花店资源,将转单模式(把网上订单转给线下加盟花店)向直营店和特许经营店模式转型,加大对优质合作花店的扶持力度;同时公司正力推"极速达"产品,花店在保证质量的同时,非节日期间满足同城三小时送达的配送要求。

[①] 爱尚鲜花:重塑千亿鲜花供应链[EB/OL].[2016-10-20]. http://www.100ec.cn/detail_6364728.html.

二、鲜花仓库爱尚鲜花独特之处

（一）深度研究鲜切花保鲜技术

当鲜花从枝头采摘下来，它的鲜度就在不断流失，如何做好保鲜尤为重要。鲜切花的质量一般分为外在质量和内在质量。

外在质量主要是鲜花的外部形态，如新鲜度、颜色等。而内在质量则主要体现在瓶插期上。随着中国人鲜花消费水平和消费观念从礼品送花向自用鲜花的转变，更多的消费者会重视内在质量。

为了提高鲜花的瓶插期，爱尚鲜花建成了瓶插实验室，主要研究鲜花的离体保鲜技术及品相指标，制定鲜花保鲜技术手册、鲜花保鲜的行业标准。

（二）引进全自动鲜花工厂

鲜花保质期短、容易腐烂，且对温度、湿度有严格要求，生产及储运过程必须非常小心，客观条件的严苛，使成品包装成为除离体保鲜外的重要一环。

为解决这一问题，爱尚鲜花引进荷兰全自动鲜花工厂，在鲜花工厂内，鲜花在恒温恒湿的条件下，按照严格的加工流程和标准进行加工，极大地提高生产效率，同时最大限度确保鲜花的新鲜和品质。

（三）构建"48小时到家"配送链

目前，爱尚鲜花已经在上海、北京、深圳、广州、昆明、成都、武汉等十多个城市兴建鲜花工厂和冷库分仓，并建设了数千平方米的华南绿植发货基地，其中昆明鲜花供应链管理中心面积达到了一万多平方。

为加速鲜花产业链的整合，实现"从花田到花瓶"全程掌控和快速响应，爱尚鲜花集中力量，打通"从上游种植到中间冷链运输，从工厂制作至下游的配送，直到用户手中"整个供应链，同时在各中心城市建立储运工厂，与C端快递深度合作，实行全程冷链部署，确保每一朵鲜花新鲜完整。

三、昆明花田爱尚鲜花未来发展重点

（一）"互联网＋订单种植"，强化上游管控

近期，爱尚鲜花正在力推"互联网＋订单种植"，通过与云南昆明大型鲜花种植基地以及花农合作社建立战略联盟，目前签约种植面积超过1000亩，并与上游基地联合开发了9个玫瑰新品种。并且以市场订单反馈源头种植，建立高效鲜花农业种植供应体系。

借助互联网和资本的力量，改变上游靠天吃饭的生产种植方式，逐渐推动用无土栽培的现代化温控大棚取代简易粗放种植基地，最终实现鲜花生产效率大幅提高，成本大幅降低。

（二）与永辉合作，强化终端用户体验

自2016年8月15日起，爱尚鲜花正式入驻永辉会员体验店，爱尚鲜花与永辉会员体验店达成合作，覆盖上海杨浦、虹口、静安、闸北、普陀、嘉定等区，开启鲜花线下KA代销的新型营销模式。

上海市民买花不再需要寻找专门的花店，只要走进上海23家永辉会员体验店任意一家，就可任性挑选一束自己喜欢的鲜花带回家。

让鲜花不再局限于网络销售，消除了消费者"网购鲜花看不到，质量参差不齐"的顾虑。且超市代销的销售模式，还能为线上销售提供"看得见、摸得着"的产品展示途径。

第八章 农产品移动电子商务

第一节 移动商务概述

一、移动商务的概念

移动商务(mobile business)是电子商务的一条分支,移动商务是指通过移动通信网络进行数据传输,并且利用移动信息终端参与各种商业经营活动的一种新电子商务模式,它是新技术条件与新市场环境下的新电子商务形态。

移动商务,移动是手段,商务是目的。一方面,"移动"便意味着轻便,好携带,指那些可以通过语音、文本、数据和视频进行通信、处理和传输信息的设备。这些通信设备包括智能手机、笔记本式计算机、GPS和移动支付系统。用户可以使用这些设备完成购物、交易、支付等应用业务,无论身处何地,也不需要被固定在某个位置再用有线来连接了。另一方面,"移动"是架构在不同的无线通信技术之上,具体包括全球性(如卫星通信)、地区性(如 3G)和小范围(如蓝牙、Wifi 等)的无线通信技术。

二、移动商务的分类

(1)按照商务实现的技术不同,移动电子商务可分为移动通信网络(GSM/CDMA)的移动商务、无线网络(WLAN)的移动商务和其他技术(如超短距通信、卫星通信、集群通信等)的移动商务。

(2)按照商务服务的内涵不同,移动电子商务可分为内容提供型移动商务(包括下载和定制服务两种类型)、信息消费型移动商务、企业管理型移功商务(如"移动商宝"就具有进、销、存、网上支付等多种管理职能)、资源整合型移动商务、快速决策型移动商务、公益宣传型移动商务、定位跟踪型移动商务、信息转移型移动商务、集成管理型移动商务和扫描收费型移动商务(如二维码电影票等)。

(3)按照确认方式不同,移动电子商务可分为密码确认型移动商务和短信回复确认型移动商务。

(4)按照用户需求的不同,可分为搜索查询型移动商务、需求对接型移动商务、按需定制型移动商务和预约接受型移动商务(如移动看病挂号系统)。

(5)按照移动商务的难易程度,可分为浅层应用移动商务、深层应用移动商务和移动转移对接型移动商务等。

三、移动商务的特征

与传统的商务活动相比,移动商务具有如下几个特征:

(1)更具开放性、包容性。移动商务因为接入方式无线化,使得任何人都更容易进入网络世界,从而使网络范围延伸更广阔、更开放;同时,使网络虚拟功能更带有现实性,因而更具有包容性。

(2)具有无处不在、随时随地的特点。移动商务的最大特点是"自由"和"个性化"。传统商务已经使人们感受到了网络所带来的便利和快乐,但它的局限在于它必须有线接入,而移动电子商务则可以弥补传统电子商务的这种缺憾,可以让人们随时随地结账、订票或者购物,感受独特的商务体验。

(3)潜在用户规模大。截至2018年一季度,中国的移动电话用户已达到14.7亿,是全球之最。显然,从电脑和移动电话的普及程度来看,移动电话远远超过了电脑。而从消费用户群体来看,手机用户中基本包含了消费能力强的中高端用户,而传统的上网用户中以缺乏支付能力的年轻人为主。由此不难看出,以移动电话为载体的移动电子商务不论在用户规模上,还是在用户消费能力上,都优于传统的电子商务。

(4)能较好确认用户身份。对传统的电子商务而言,用户的消费信用问题一直是影响其发展的一大问题,而移动电子商务在这方面显然拥有一定的优势。这是因为手机号码具有唯一性,手机SIM卡片上存贮的用户信息可以确定一个用户的身份,而随着未来手机实名制的推行,这种身份确认将越来越容易。对于移动商务而言,这就有了信用认证的基础。

(5)定制化服务。由于移动电话具有比PC机更高的可连通性与可定位性,因此移动商务的生产者可以更好地发挥主动性,为不同顾客提供定制化的服务。例如,开展依赖于包含大量活跃客户和潜在客户信息的数据库的个性化短信息服务活动,以及利用无线服务提供商提供的人口统计信息和基于移动用户位置的信息,商家可以通过具有个性化的短信息服务活动进行更有针对性的广告宣传,从而满足客户的需求。

(6)移动电子商务易于推广使用。移动通信所具有的灵活、便捷的特点,决定了移动电子商务更适合大众化的个人消费领域,比如:自动支付系统,包括自动售货机、停车场计时器等;半自动支付系统,包括商店的收银柜机、出租车计费器等;日常费用收缴系统,包括水、电、煤气等费用的收缴等;移动互联网接入支付系统,包括登录商家的WAP站点购物等。

(7)移动电子商务领域更易于技术创新。移动电子商务领域因涉及IT、无线通信、无线接入、软件等技术,并且商务方式更具多元化、复杂化,因而在此领域内很容易产生新的技术。随着中国3G网络的兴起与应用,这些新兴技术将转化成更好的产品或服务。所以移动电子商务领域将是下一个技术创新的高产地。

四、移动商务的功能

(一)移动短信平台的功能

(1)来访信息查询。功能说明:可按时间、地域和访问栏目查询来访手机号及留言,此功能的运用可为企业主自动锁定目标受众,便于企业促销、宣传活动的高效开展,为企业省钱、省力。

(2)通信薄功能。功能说明:具备用户分组、号码添加、号码查询、通信信息导出功能,用户可随时随身进行通信薄管理和功能使用,方便、快捷。

(3)短信功能。功能说明:短信群发与移动实名功能联合使用,移动实名能为企业锁定需求目标,而短信发送功能则能为需求用户发送需求信息,实施精确营销,花费少、效果好。

(4)抽奖功能。功能说明:此功能为企业客户维护和开发而设计,企业在某一时间和地域进行宣传活动时,可按时间、地域、中奖人数、奖项等条件进行设置,进行抽奖活动,给中奖者送出大礼,有效地维护了老客户和强有力的吸收了新客户。

(5)留言功能。功能说明:用户发送"移动实名+留言栏目号+内容"进行留言。此功能让用户和企业进行着亲密接触及有效的交流,使企业第一时间获得用户的反馈和建议。

(二)移动商务WAP平台功能

(1)展示功能。在企业WAP上展示图文并茂的信息,可让客户进行全方位的了解,向客户传播企业的形象、实力等。

(2)陈列功能。通过企业WAP上完善的产品介绍,可以让产品突破时间、空间的限制走进客户生活。

(3)导购功能。为用户提供在线咨询和帮助,让企业和访问客户亲密交流,用户直接可以在线订单。

(4)移动办公功能。通过企业WAP上的移动邮局收发电子邮件,以"迅捷、安全、高效"的显著功能,提高办公效率。

(5)营销功能。企业WAP上的短信群发等服务优势,让企业的品牌快速、精确定位地传播,是企业开展"移动定向营销"的佳选择。

(6)支付功能。使手机变成新的金融及身份辨识工具,通过WAP上的无线支付功能,为企业、个人提供更安全、更可靠的个性化的服务。

(7)掌上娱乐。WAP上更多的游戏、动漫、时尚、生活等休闲娱乐世界,更便捷的操作方式,让用户随时随地畅想移动所带来的无限生活乐趣。

第二节 移动电子商务技术基础

移动电子商务超越时间和空间的限制,只用一部手机或其他无线终端,使人们通过移动通信设备获得数据服务,通信内容包括语音、数字、文字、图片和图像等,在移动中进行电子商务。移动电子商务的发展主要取决于移动通信技术的空前发展。

一、移动通信新技术

(一)无线通信协议(WAP)

就像TCP/IP是Internet网上信息互联和通信的协议标准,WAP(Wireless Application Protocol)技术是移动终端访问无线信息服务的全球主要标准,也是实现移动数据以及增值业务的技术基础。WAP协议定义了一种移动通信终端连接因特网的标准方式,提供了一套统一、开放的技术平台,使移动设备可以方便地访问以统一的内容格式表示的因特网及因特网的信息。它是目前大多数移动通信终端和设备制造商及部分无线通信服务商、基础设施提供商普遍采用的统一标准。

(二)通用分组无线业务(GPRS)

GPRS突破了GSM网只能提供电路交换的思维定式,将分组交换模式引入到GSM网络中。它通过仅仅增加相应的功能实体和对现有的基站系统进行部分改造来实现分组交换,从而提高资源的利用率。GPRS 能快速建立连接,适用于频繁传送小数据量业务或非频繁传送大数据量业务。

(三) 移动 IP 技术

移动 IP 通过在网络层改变 IP 协议,从而实现移动计算机在 Internet 中的无缝漫游。移动 IP 技术使得节点在从一条链路切换到另一条链路上时无须改变它的 IP 地址,也不必中断正在进行的通信。移动 IP 技术在一定程度上能够很好地支持移动电子商务的应用。

(四) "蓝牙"(Bluetooth)技术

蓝牙是由爱立信、IBM、诺基亚、英特尔和东芝共同推出的一项短程无线连接标准,旨在取代有线连接,实现数字设备间的无线互联,以便确保大多数常见的计算机和通信设备之间可方便地进行通信。"蓝牙"作为一种低成本、低功率、小范围的无线通信技术,可以使移动电话、个人电脑、个人数字助理(PDA)、便携式电脑、打印机及其他计算机设备在短距离内无需线缆即可进行通信。

(五) 第三代(3G)移动通信系统

第三代移动通信(3G)包括一组支持无线网络的宽带语音、数据和多媒体通讯的标准。IMT-2000,作为 ITU 推出的 3G 标准,至少提供了五种多路接入途径:CDMA2000、WCMA、WCDMA 的时分双工(Time Division Duplex)版本、136HS(基于 IIWCC 推荐)以及数字式增强型无绳电话(DECT),OGSM MAP 通过"标准集"的支持与 IS-41 网络相互作用。也就是说,必须在 WCDMA 规范前提下,允许与 IS-41 的相互连接,通过 CDMA 2000 为 GSMMAP 提供接口。

(六) 基于 Wi-Fi 和 WiMAX 的无线宽带技术

Wi-Fi 是无线保真(wireless fidelity)的缩写,其核心的 WLAN(Wi-Fi 仅指 802.11b,WLAN 则可分别采用 802.11b 及 802.11b+),这是一项全新的技术,它能重新激发经济增长,而且可以帮助任何人在任何地方以低成本接入互联网。

只要将一个便宜的 Wi-Fi 基站(芯片加上收发器)与 DSL、光缆调制解调器或 T1 线路等高速互联网接入设备相连,并将该基站放置在距用户约一百米的范围,这一范围内的所有用户都能通过带有廉价的 Wi-Fi 装置的个人电脑或 PDA 共享这一低价、高速的互联网接入,而无须分别支付专用 DSL 或光缆调制解调器较高的服务费用。另外,Wi-Fi 能以低廉的价格轻而易举地将互联网互联互通的脉络延伸到任何社区,把信息流汇入高速光纤主干网络的各个端点。

二、移动商务面临的安全威胁

尽管移动商务给工作效率的提高带来了诸多优势(如:减少了服务时间,降低了成本和增加了收入),但安全问题仍是移动商务推广应用的瓶颈。有线网络安全的技术手段不完全适用于无线设备,由于无线设备的内存和计算能力有限而不能承载大部分的病毒扫描和入侵检测的程序。

(一) 网络本身的威胁

无线通信网络可以不像有线网络那样受地理环境和通信电缆的限制就可以实现开放性的

通信。无线信道是一个开放性的信道,它给无线用户带来通信自由和灵活性的同时,也带来了诸多不安全因素:如通信内容容易被窃听、通信双方的身份容易被假冒,以及通信内容容易被篡改等。在无线通信过程中,所有通信内容(如通话信息、身份信息、数据信息等)都是通过无线信道开放传送的。任何拥有一定频率接收设备的人均可以获取无线信道上传输的内容。对于无线局域网和个人网用户,其通信内容更容易被窃听。因为这些网络通信工作在全球统一开放的工业、科学和医疗频带(2.5GHz 和 5GHz 频带)。任何团体和个人都不需要申请就可以免费使用该频段进行通信。无线窃听可以导致通信信息和数据的泄漏,而移动用户身份和位置信息的泄漏可以导致移动用户被无线追踪。这对于无线用户的信息安全、个人安全和个人隐私都构成了潜在的威胁。

(二) 无线 Ad Hoc 应用的威胁

除了互联网在线应用带来的威胁外,无线装置给其移动性和通信媒体带来了新的安全问题。考虑无线装置可以组成 Ad Hoc 网路。Ad Hoc 网络和传统的移动网络有着许多不同,其中一个主要的区别就是 Ad Hoc 网络不依赖于任何固定的网络设施,而是通过移动节点间的相互协作来进行网络互联。Ad Hoc 网络也正在逐步应用于商业环境中,比如传感器网络、虚拟会议和家庭网络。由于其网络的结构特点,使得 Ad Hoc 网络的安全问题尤为突出。例如,入侵一个节点的敌手可以给网路散布错误的路由信息,甚至使所有的路由信息都流向被入侵的节点。同样,移动用户会漫游到许多不同的小区和安全域。通信由一个小区切换到另一个小区时,恶意的或被侵害的域可以通过恶意下载、恶意消息和拒绝服务来侵害无线装置。

(三) 网路漫游的威胁

无线网路中的攻击者不需要寻找攻击目标,攻击目标会漫游到攻击者所在的小区。在终端用户不知情的情况下,信息可能被窃取和篡改。服务也可被经意或不经意地拒绝。交易会中途打断而没有重新认证的机制。由刷新引起连接的重新建立会给系统引入风险,没有再认证机制的交易和连接的重新建立是危险的。连接一旦建立,使用 SSL 和 WTLS 的多数站点不需要进行重新认证和重新检查证书。攻击者可以利用该漏洞来获利。

无线媒体为恶意用户提供了很好的藏匿机会。由于无线设备没有固定的地理位置,它们可以在不同区域间进行漫游,可以随时上线或下线,因此它们很难被追踪。因此,对无线网路发起攻击会是敌手对固定网路发起攻击的首选,尤其随着这些设备数量的增长。

(四) 物理安全

无线设备另一个特有的威胁就是容易丢失和被窃。因为没有建筑、门锁和看管保证,无线设备很容易丢失和被盗窃。对个人来说,移动设备的丢失意味着别人将会看到电话上的数字证书,以及其他一些重要数据。利用存储的数据,拿到无线设备的人就可以访问企业内部网络,包括 E-mail 服务器和文件系统。目前手持移动设备最大的问题就是缺少对特定用户的实体认证机制。

三、移动商务面临的隐私和法律问题

(一) 垃圾短信息

在移动通信给人们带来便利和效率的同时,也带来了很多烦恼,遍地而来的垃圾短信广告打扰着我们的生活。在移动用户进行商业交易时,会把手机号码留给对方。通过街头的社会调查时,也往往需要被调查者填入手机号码。甚至有的用户把手机号码公布在网上。这些都是公司获取手机号码的渠道。垃圾短信使得人们对移动商务充满恐惧,而不敢在网络上使用自己的移动设备从事商务活动。目前,还没有相关的法律法规来规范短信广告,运营商还只是在技术层面来限制垃圾短信的群发。目前,信息产业部正在起草手机短信的规章制度,相信不久的将来会还手机短信一片绿色的空间。

(二) 定位新业务的隐私威胁

定位是移动业务的新应用,其技术包括:全球定位系统 GPS (global positioning system, GPS),该种技术利用 3 颗以上 GPS 卫星来精确(误差在几米之内)定位地面上的人和车辆;基于手机的定位技术 TOA,该技术根据从 GPS 返回响应信号的时间信息定位手机所处的位置。定位在受到欢迎的同时,也暴露了其不利的一面——隐私问题。利用这种技术,执法部门和政府可以监听信道上的数据,并能够跟踪一个人的物理位置。如果定位技术被恐怖分子利用,他们通过定位通信用户的位置,可以对其抢劫和绑架而实施犯罪活动。

(三) 移动商务的法律保障

随着移动网络从 2.5G 到 3G 的演进和移动数据速率的提高,面向移动商务的领域快速发展。移动商务发展中面临的安全、隐私和法律问题。移动商务是一个系统工程,移动商务的发展不仅依赖于技术的成熟,也受法律、社会和管理等诸多因素的制约。在我国,随着计算机、互联网及电信技术的发展和人们生活水平的提高,移动商务为企业信息化创造了巨大的市场空间。

电子商务的迅猛发展推动了相关的立法工作。目前,已经有 60 多个国家就电子商务和数字签名发布了相关的法规。美国 1995 年犹他州颁布的电子签名法则是全球最早的电子商务领域的立法。

2005 年 4 月 1 日,中国首部真正意义上的信息化法律《电子签名法》正式实施,电子签名与传统的手写签名和盖章将具有同等的法律效力,标志着我国电子商务向诚信发展迈出了第一步。《电子签名法》立法的重要目的是为了促进电子商务和电子政务的发展,增强交易的安全性。

第三节 移动支付

一、移动支付的相关概念

(一) 移动支付

移动支付主要指通过移动通信设备、利用无线通信技术来转移货币价值以清偿债权债务关系。其中移动通信设备包括手机、PDA、移动 PC 等;无线通信技术包括各种近距离无线通信技术(如红外线、射频识别技术、蓝牙等)和远距离无线通信技术(如短信、WAP 等)。

移动支付存在的基础是移动终端的普及和移动互联网的发展,可移动性是其最大的特色。随着移动终端普及率的提高。在未来,移动支付完全有可能替代现金和银行卡,被人们在商品劳务交易和债权债务清偿中普遍接受,成为电子货币形态的一种主要表现形式。

移动支付使用方法有短信支付、扫码支付、指纹支付、声波支付等。

1. 短信支付

手机短信支付是手机支付的最早应用,将用户手机 SIM 卡与用户本人的银行卡账号建立一种一一对应的关系,用户通过发送短信的方式在系统短信指令的引导下完成交易支付请求,操作简单,可以随时随地进行交易。手机短信支付服务强调了移动缴费和消费。

2. 扫码支付

扫码支付是一种基于账户体系搭建起来的新一代无线支付方案。在该支付方案下,商家可把账号、商品价格等交易信息汇编成一个二维码,并印刷在各种报纸、杂志、广告、图书等载体上发布。

用户通过手机客户端扫描二维码,便可实现与商家账户的支付结算。最后,商家根据支付交易信息中的用户收货、联系资料,就可以进行商品配送,完成交易。

3. 指纹支付

指纹支付即指纹消费,是指采用目前已成熟的指纹系统进行消费认证,即顾客使用指纹注册成为指纹消费折扣联盟平台会员,通过指纹识别即可完成消费支付。

4. 声波支付

声波支付则是利用声波的传输,完成两个设备的近场识别。其具体过程是,在第三方支付产品的手机客户端里,内置有"声波支付"功能,用户打开此功能后,用手机麦克风对准收款方的麦克风,手机会播放一段"咻咻琳"的声音。

(二) 手机银行

手机银行是指通过移动通信网络与技术实现手机与银行的连接,通过手机界面操作或者发送短信完成各种金融服务的电子银行创新业务产品。手机银行是手机支付的一种实现方式,也是目前移动支付中使用比较普遍的一种支付方式。目前各大银行都推出了基于 WAP 技术的手机银行,客户可利用手机通过浏览器进入自己的账户进行操作。

(三) 手机钱包

手机钱包是手机与电子钱包的结合。电子钱包包括智能储值卡式电子钱包和纯软件式电子钱包;手机既可以通过与智能储值卡的物理融合成为电子钱包,也可以作为移动终端通过使用电子软件成为手机钱包。

2005 年,中国移动、中国联通、联动优势科技有限公司联合各大银行在我国推出软件式手机钱包服务,通过把客户的手机号码与银行卡账户进行绑定,为手机用户提供移动支付通道服务;2010 年开始,人们直接刷手机乘坐公交,地铁,出入门禁等现象在上海等大城市随处可见。

(四) 手机支付

凡是通过手机进行的支付都属于手机支付。手机支付既包括类似于手机银行这种支付双方互不见面的手机远程支付,也包括支付双方面对面的手机现场支付。手机支付是狭义的移动支付。

二、移动支付的分类

(一) 按照支付的交互流程分类

按照支付的交互流程,移动支付可以分为近场支付和远程支付。

近场支付是指移动终端通过非接触式受理终端在本地或接入收单网络完成支付过程的支

付方式。按技术实现手段,近场支付技术方案主要包括基于 13.56MHz 频段和基于 2.45GHz 频段的技术方案。例如,现在国内推出的手机公交一卡通等就属于近场支付。

远程支付指用户与商家非面对面接触,用户使用移动终端在支付应用平台选购商品或服务,确认付款时,通过无线通信网络,与后台服务器之间进行交互,由服务器端完成交易处理的支付方式。远程支付业务范围包括电话购物、网络购物、公共事业缴费等。远程支付"任何地点、任何时间"的特性,使得用户可以随时随地进行购物及支付,尽享优质生活。谷歌推出的手机智能钱包就属于远程支付。

远程支付技术方案主要包括短信支付、移动互联网(无卡)支付和基于智能卡的远程支付等三种技术方案。

(二)按照支付账户的性质分类

按照支付账户的性质,移动支付可以分成银行支付、第三方支付账户支付、通信代收费账户支付。

银行卡支付就是直接采用银行的借记卡或者贷记卡或者贷记卡账户进行支付的方式。

第三方支付账户支付是指为用户提供与银行或金融机构支付结算系统接口和通道服务,实现资金转移和支付结算功能的一种支付服务。第三方支付机构作为双方交易的支付结算服务的中间商,需要提供支付服务通道,并通过第三方支付平台实现交易和资金转移结算安排的功能。

通信代收费账户是移动运营商为其用户提供的一种小额支付账户,用户在互联网上购买电子书、歌曲、视频、软件、游戏等虚拟产品时,通过手机发送短信等方式进行后台认证,并将账单记录在用户的通信费账单中,月底进行合单收取。

(三)按照用户支付的额度分类

按照用户支付的额度,移动支付可以分为小额支付和大额支付两种。

通常来讲,交易金额小于 10 美元的称为小额支付,主要应用于游戏、视频内容等互联网虚拟产品的购买等;交易金额大于 10 的美元的称为大额支付。两者之间最大的区别在于对安全要求的级别不同。对于大额支付来说,通过金融机构进行交易鉴权是非常必要的;而对于小额支付来说,使用移动网络本身的 SIM 卡鉴权机制就已足够。

(四)按照支付的结算模式分类

按照支付的结算模式,移动支付可以分为即时支付和担保支付。

即时支付是指支付服务提供商将交易资金从买家的账户即时划拨到卖家账户,一般应用于"一手交钱一手交货"的业务场景(如商场购物),或应用于信誉度很高的 B2C 以及 B2B 电子商务,如易宝支付等。

担保支付是指支付服务提供商先接收买家的货款,但并不马上支付给卖家,而是通知卖家货款已冻结,卖家发货,买家收到货物并确认后,支付服务提供商将货款划拨到卖家账户。在这一过程中,支付服务提供商不仅负责资金的划拨,同时还要为不信任的买卖双方提供信用担保。担保支付业务为开展基于互联网的电子商务提供了基础,特别是对于没有信誉度的 C2C 交易以及信誉度不高的 B2C 交易。

(五)按照用户账户的存放模式分类

按照用户账户的存放模式,移动支付可以分为在线支付和离线支付。

在线支付是指用户账户存放在支付提供商的支付平台,用户消费时直接在支付平台的用户账户中扣款。

离线支付是指用户账户存放在智能卡中,用户消费时直接通过POS机在用户智能卡的账户中扣款。

 **案例拓展**

一米鲜:C2B+O2O模式的水果电商①

焦岳坦言,水果很难做到绝对完美的C2B,但是在这一核心模式之下,根据计划性订单可尽可能控制仓内存储区域面积,提高商品动销率(动销品种数/仓库总品种数),目前每日动销率超过99%。在成本控制上,首先增加源头直采比例;其次精细化管理物流,收敛补贴。

"国产品牌要选到标准更高、更独特的商品,然后再去研究深度的包装、设计毛利,而不是跟别人卖一样的东西,盲目去补贴钱。"焦岳表示。

每天凌晨,孙鹏都会拉出一张订单表格,在三四点钟开着一辆租来的面包车从北新桥到新发地的果品市场采购,7点前拉到北京师范大学校园,再在车后备厢里将水果分级,标准化包装成小份的SKU,最后放到快递自提点的冰柜里。

这是2014年11月,一米鲜联合创始人孙鹏和另外一位85后创始人、现任CEO焦岳一起,开始做起水果生意。

起量之后,一米鲜将市场扩展到商圈、写字楼及社区等,当天下单、次日送达的C2B模式成为一米鲜的核心,也考验着水果电商背后的供应链能力。

而随着消费场景的迁移,业务模式开始升级。在一米鲜B轮投资人东方富海投资副总监汤浔芳看来,未来一定是线上线下结合的O2O模式,不仅打破中间渠道,降低价格,线下社会化配送能力还能保证及时送达,同时提升自身门店的拓展与覆盖能力。

一、从高校到社区,消费场景迁移背后有哪些逻辑

之前从未有交集的孙鹏和焦岳是在一次活动上偶然认识的,尽管当时前者仍身处第一个创业项目——在线教育行业中,后者任职阿里巴巴,但都爱吃的两人坚信生鲜市场巨大,用户消费频次高,需求场景多,于是有了离职创业的念头。

两人决定从试错成本最低的校园市场切入。2012年才从清华大学材料学硕士毕业的孙鹏本就对学校环境知之甚详,他们看到,北师大女生多,购物场景封闭且密集,而校园水果摊处于垄断地位,品质差、价格高。

最初,他们在快递自提点租了一个空间专门放带有一米鲜LOGO的冰柜,并注册了微店,每天上线4个左右的SKU,主要通过扫楼发传单、赞助社团、论坛发帖等方式推广,学生提前一天下单,次日自提。没想到第一天就有50笔订单。

孙鹏分析了这个模式的优势,首先价格能够降低至线下水果摊的一半:水果从批发市场当天采购、当天销售从而降低损耗,成本只来自果品本身、物流和人力;其次学生空余时间多,相比去店里购买,下单、自提的方式本身更具便携性。

---

① 一米鲜:C2B+O2O模式的水果电商[EB/OL].[2016-05-26]. http://www.100ec.cn/detail_6335413.html.

之后,一米鲜迅速复制到北京其他学校。据孙鹏介绍,一辆配送车覆盖5个学校,成本较低。截至2016年已经覆盖北京、上海等几十所高校。

切入校园市场容易,但学生属于价格敏感型群体,在频次和客单价上难免有天花板。2015年2月,团队判断校园市场跑通后,一米鲜逐渐挺进人群更为集中、消费能力更高的商圈和写字楼。

延续此前的地推经验,他们用下一单就加送一个苹果的地推组合拳积累了最早的一批用户。随着配送区域的扩大,一米鲜转向线上运营与众多APP合作。

白领为一米鲜打开了更大的市场。在焦岳看来,进口水果做中产和高端是对的逻辑,但是一米鲜只关注做白领人群,他们对性价比和品质都很在乎,因此需要通过线下地推、线上活动运营,以及对客单价、选品体系的把控,支撑白领的留存率。

2015年底,一米鲜将目光延伸至社区的消费人群和场景。焦岳认为,社区密度高,1小时及时性消费强于计划性消费,对品质及服务提出更高要求,家长会担心孩子的食品安全、家庭食用的营养问题等。综合判断之下,他发现做社区最大的难点在于供应链,这就需要实现业务升级。

一米鲜尝试用O2O的方式,具体做法是与当地大型水果连锁店深度合作,并介入到采购、品控和仓配体系中,再通过线上线下的运营推动销量。终端由第三方物流或店员配送,覆盖半径由500米扩大到3公里,并实现线下店面SKU结构化,数据线上化。在这一点上,一米鲜相当于渠道平台化的管理,输出管理标准,双方执行,最后利润分成。

据介绍,目前,一米鲜快递可达城市近30座,O2O开通区域为北京天津、江浙沪、广州深圳,日峰值订单量突破10万单,一天最多卖700吨水果,日均50~100吨。

二、C2B模式运转靠什么支撑

消费场景迁移背后,需要一条灵活且成熟的供应链体系作为支撑。焦岳说:"一米鲜的核心商业模式是以销定采,也就是C2B模式。"

当整个城市进入沉睡,一米鲜的仓配体系开始运转起来。

目前,一米鲜主要有3种销售模式,分别为T+1、T+3和T+6,前两者针对属地的运营商,消费者在第一天24小时内下单,下午3点开始,一米鲜根据销售数据做预测,让各个渠道的供应商将相应水果运送至DC(distribution center,配送中心),之后进行货物抽检,生成评估报告,再按照每个批次的平均标准,根据订单分装成标准化的商品。整个阶段都可通过识别码溯源到每个供应商。

次日凌晨0点至4点,数百辆货车将数百吨果品运送至人群密集的小型分仓中心——校园自提点和前置仓。

早晨8点左右,第三方物流配送公司的终端配送员开始像无数个小齿轮,有条不紊地派单、接单、配送,陆续将在仓时间不到12个小时的果品送至学生和白领手里。

T+6则是长途区预售模式。比如海南荔枝,先在线上作预售,后期根据订单采摘、运输并发货,以此降低损耗、提高动销率。

C2B模式能减少库存和流通环节、降低损耗,但是要求有足够的订单量。在达到一定规模后,一米鲜在非密集地带用落地配的方式填充,以覆盖人群为主;另在北京国贸、中关村等核心区域则自建了20多个前置仓,往往以廉价商铺为主,实现就近配送。据孙鹏介绍,从中心大仓到前置仓后,水果只短暂停留1~2个小时便能配送出去。

就渠道而言,焦岳认为批发市场和供应商的作用各不相同,针对一些采购数量较小的品类,直接从市场选拔就可以;如果是樱桃、提子等以吨计算采购的品类,则直接从大连、威海等产地供应商进货,差异化的同时保证商品毛利。

据焦岳介绍,全国有24个水果主产区,随着海南、云南、广东、山东产区的新品面世,未来仍会在商品和供应商上进一步升级。这就需要要去产地选货,与合作社联合运营,一般每次达到5~10吨采购量。

焦岳坦言,水果很难做到绝对完美的C2B,但是在这一核心模式之下,根据计划性订单可尽可能控制仓内存储区域面积,提高商品动销率(动销品种数/仓库总品种数),目前每日动销率超过99%。

在创立一米鲜之前,焦岳曾是移动开发者服务平台"友盟"的副总裁,被阿里收购之后加入淘宝无线部门。因此,用他的话说,"我们今天其实是拿数据在做水果。"一米鲜除了技术团队,仍有专门的BI团队负责数据分析。

在业务上,一米鲜分为三条线,分别为采购线、物流线和运营线。数据部门往往提供几个功能:

首先,把整个数据中心工具化和产品化,解决数据分类、展示、如何工具化等问题;其次,针对一些特定行为定期作数据报告,比如一些单笔销量造成的影响;再次,通过每天对销售数据的分析,了解所有地区水果的整体情况,知道什么样的水果卖得好,什么时候要卖怎样的水果。更进一步说,需要基于数据作销量预估,这样才能保证C2B模式的高效运转。

在与第三方物流合作时,数据同样是管理的基石。首先严格制定挑选标准,控制一个区域内不会超过3家,之后将所有合作伙伴归纳到一套系统下严格管理,实时反馈执行的每个动作。焦岳坦言说:"自建需要资金,每个时间点只能选择干一件事情,所以我至少在三年内仍会与第三方合作,一起成长。"

一米鲜现在有大概50人的客服团队,他们在收集用户反馈后,会细分定责到最终产生问题的源头。有一些问题由配送员产生,曾有配送员在送货时态度恶劣,焦岳认为严重影响了用户体验,要求对方公司严肃处理直至开除此人。客诉率按照果品、供应链配送、时效等类别细分,如果超过千分之七,直接罚款到相应环节的每个人。

为了做好成本控制,一米鲜首先增加了源头直采比例。一开始,一米鲜90%以上的商品都从各地批发市场进货,现在有将近20%以上产地直采,直接在基地完成品控及包装标准化,随后运到就近的大中心仓,压低中间流通环节产生的"过路费",这就创造了20%~30%的成本下降空间;其次精细化管理物流,用SOP(standard operating procedures,标准作业程序)管理多个第三方物流,比如精细配单量,用智能化手段提高人效;最后,在用户形成习惯之后,补贴可作适当收敛。

三、如何让国产水果重获竞争力

创业初期,一米鲜便将水果SKU化,对于每个批次都做评级,而即使是标准化,也经历了从粗犷到精细化的过程。

最开始,一米鲜打破论箱论斤卖的销售框架,改成小份的SKU;水果间品相、果径大小不一,还要对水果本身作严格的品规管理,这还不够,国产水果从开园、旺季到下架,由于采摘工艺、期间日照、雨水的变化,每批次到货的口感也会不一样,因此还要作进一步细化的区分。

或许是新疆人的缘故,焦岳对国产水果情有独钟。在他看来,过去十几年,水果行业出现一些趋势:第一,线下个体变成线下连锁,主要以加盟为主;第二,过去市场主要被国产水果占据,如今进口和国产对半分,国产水果失去竞争力。尤其从2015年开始,国产水果的整体产能与末端销售出现中断,供应链上存在很多问题,比如非标准化、链路过长、损耗大,这使得品牌化和供应链升级的空间很大。

"东部的水果打不过南美,南部的水果干不过南亚,新疆的水果相对独特,因此在一些城市开通产地直达服务。一米鲜咬着牙也要做下去。"

在焦岳看来,国产水果标准化存在很大问题,第一,从苗生长到树,水果大概需要3~4年,这中间有很多不可控因素,包括肥料选择、土地肥力、生根程度、病虫害治理等;第二,在种植、采摘环节就缺失标准化,因为时长、温差等都将决定水果采摘当下的口感;第三,过去的集团化种植变成产区由地方政府合作社来约束管理,中间涉及制度、文化及商品品牌保护因素;第四,在销售渠道和下游品牌建设中,需要帮助上游理解到底什么商品是销售端喜欢的,这就需要评级和供应链管理,为商品创造更多价值。

存在问题的另一面或许就是机会。以脐橙为例,一米鲜2015年特别设计了两款产品,一款是普通的赣南脐橙,从当地经销商处进货,与市面上在卖的大同小异;另外一款取名"真橙",走起品牌路线,是一米鲜自有品牌"甄鲜"系列的精选商品,把控品质,直接从产地挑选,直发到一米鲜的保鲜仓。此外,在5月份人家都卖妃子笑荔枝时,一米鲜在2015年选择了一种名为火山岩的荔枝品种,用高端、大个、甜度等维度打差异化竞争。

"国产品牌要选到标准更高、更独特的商品,然后再去研究深度的包装、设计毛利,而不是跟别人卖一样的东西,盲目去补贴钱。"焦岳表示。

据介绍,水果上游是一个相对传统的行业,认脸认钱。一米鲜的采购团队来自于原先物美生鲜部、永辉超市等,跟中国几大产区都曾建立合作关系。每年,焦岳也会花三分之一的时间跑产地,见供应商,"要深耕就需要不断在中上游下狠工夫。"

至少在未来三年,一米鲜仍会只专注做水果,不会盲目扩充其他生鲜品类。孙鹏解释:"水果每年有几千亿交易额的市场,足够大,而且产业链相对完整。冻品和蔬菜等品类的供应链完全不一样。"

据了解,创业一年多以来,一米鲜在2015年2月获得红杉资本A轮数百万美元,2016年初完成昆仑万维、东方富海领投的B轮数千万美元融资。

第九章 农产品新零售

第一节 新零售的含义与特征

一、新零售的含义

新零售是指企业以互联网为依托,通过运用大数据、人工智能等先进技术手段,对商品的生产、流通与销售过程进行升级改造,进而重塑业态结构与生态圈,并对线上服务、线下体验以及现代物流进行深度融合的零售新模式。"新零售"的"新"表现在由技术变革和需求变革共同驱动的对零售业全要素、多维度、系统化的创新与变革,新零售实现了交易活动中的商业关系、利益关系、组织方式、经营形态、零售产出以及经营理念等多方面的变革。

(一) 零售主体的新角色

新零售下,"组织者"和"服务者"成为零售主体的新角色。传统零售活动中,零售商的角色就是专业化的商品交换媒介,从事的是面向消费者的商品转卖活动——零售商向上游供应商(品牌商或经销商)采购商品,向下游消费者销售商品,零售商赚取中间差价。尽管一些零售商完成触网,利用互联网采销商品,但并没有改变其作为传统零售的本质特征。

这种情况下,零售商是商品的经销者,是整条产业链中的终端商业中介。在我国零售业的发展过程中,零售商商业中介的经销职能有部分被弱化,零售商不具备经营能力,而成为品牌商与消费者进行交易的平台或通道,典型的如联营模式下的购物中心和百货店。此时,零售商为供应商和消费者的直接接触提供平台,零售商向供应商收取相应的费用。

在新零售情境下,零售主体在商品交易活动中的角色产生了变化。天猫这样的新零售平台不仅仅以中间商或者平台的角色出现,而成了整条产业链中商品交易活动和商务关系的组织者和服务者。对于下游消费者,新零售平台走进消费者的生活方式,了解消费者的潜在需求,为消费者提供满足需求的商品和一系列商业服务的组合,成为消费者的组织者和采购者。对于上游供应商,天猫等新零售利用自身在终端掌握的大数据资源,为供应商提供精准的消费者需求信息,从而走进供应商的价值链,为供应商的生产研发活动和市场推广活动提供服务和帮助,成为上游供应商的服务者。因此,新零售情境下,组织商品交易的顺利完成只是零售主体的部分角色,零售主体"组织者"更在于成为消费者大数据资源的开发者,并利用自身强大的大数据分析处理能力和计算能力,为产业活动的参与者提供一体化的服务。可以说,成为产业链活动的"组织者"和"服务者"是新零售赋予零售商的新角色。

(二) 零售产出的新内容

新零售下,零售商的产出具有新的内容,建立持续互动"零售商—消费者"关系,强化多场景购物体验,提供消费数据服务。

零售组织的经济职能在于为消费者提供显性的商品和隐性的服务，"商品＋服务"的组合共同构成了零售产出。传统零售活动中，交易围绕着"商品"展开，零售商的经营活动以"商品"为核心，并通过低买高卖攫取中间利润。新零售情境下，零售产出的内容更加丰富、更加新颖。

首先，零售商的分销服务成为零售产出的核心内容，由商品的销售者转变为"商品和服务"的提供者。新零售更加关注消费者的体验，零售活动不再是简单的"商品—货币"关系，而是持续互动的"零售商—消费者"关系。

其次，线上、线下的全渠道融合为零售产出的"分销服务"增加了新的内容。譬如在环境服务、交付服务、品类服务等方面，天猫新零售通过商品数字化、会员数字化、卖场数字化等方式构建起以大数据分析支撑的线上、线下融合的购物形成。新零售平台将上述数据与上游供应商进行共享，为供应商提供消费者的需求画像，帮助供应商进行按需定制和更为精准的市场营销活动场景，强化了消费者全渠道、多场景的购物体验。

第三，为上游供应商提供消费者画像的数据服务成为零售产出的新内容。传统零售产出只针对下游消费者，而新零售的零售产出则是针对完整商品交易活动的全部参与者。基于对终端大数据的分析，新零售平台可以掌握消费者的各种场景数据，实现消费者生活场景的还原以及消费者画像的形成。新零售平台将上述数据与上游供应商进行共享，为供应商提供消费者的需求画像，帮助供应商进行按需定制和更为精准的市场营销活动。

（三）零售组织的新形态

新零售中出现了复合型、集合型、满足即时购买需求的经营形态。

零售业态的本质是零售组织的经营形态。对于构成零售经营形态的商品、服务、环境等内容不断地进行边际调整，就形成了零售业态的持续演进和变革。新零售下，构成零售业态的各要素均实现了数字化的变革，这本身就推动了原有零售业态的转型和创新；而零售商通过大数据分析更加清晰地了解消费者的需求痛点，并以此为核心对构成零售业态的各要素再次进行边际调整，从而形成新的零售组织经营形态。

新零售以更加精准、全面的消费者需求信息为基础进行零售经营要素的调整，形成了具有多样性、多内容、多触达点和多维度的具有复合型商业特点的新型零售经营形态。盒马鲜生的组织经营形态不是以商品的组织为出发点，而是以消费者的具体需求为逻辑起点，零售经营各要素的调整也是围绕该需求主题展开的。这使得零售商经营形态的创新具备了更多可能性和可塑性，由此形成的零售经营形态就不同于传统零售中的零售业态，而是复合型、集成型、满足即时购买需求的经营形态。

（四）零售活动的新关系

新零售活动中的商业关系是供需一体化的社群关系。

传统零售活动中，零售活动涉及的各商业主体之间的关系都简化为"商品—货币"的交易关系，这种交易关系的背后是产业链上各产业主体之间利益关系的对立。传统零售下，零供关系是冲突的、相互博弈的；零售商与消费者的关系是独立的、单一的商品交易关系；整条供应链是由生产端至销售端层层推压的推式供应链。

新零售下，零售商为供应商进行赋能，零供关系成了彼此信任、互利共赢的合作关系；零售商将商业的触角进一步延伸至消费者的需求链，与消费者实现了深度的互动和交流，零售商成为消费者新生活方式的服务者和市场需求的采购者，成为消费者的"代言人"，零售商与消费者之间形成了深度互动的社群关系;供应链转变为以消费者需求为初始点的拉式供应链模式。由此,在新零售中,商业关系被重新构建,"商品—货币"关系转变为其背后的人与人之间的关系,供给与需求被重新打通,各主体之间形成了以信任为基础的供需一体化的社群关系。

(五)零售经营的新理念

新零售重构商业主体的价值排序,为消费者创造价值成为零售经营的出发点。

零售经营的理念与市场供求关系相关。供不应求时代,生产商主导商品流通渠道,零售经营的关键在于取得上游的供货资源。大规模生产方式的发展催生了大规模的商业销售,供求关系出现逆转,商品流通进入"渠道为王"的时代。零售经营的关键在于快速扩张实现规模化竞争,经营的理念在于强化零售的资本投入,实现规模经济。在前两个时代,"经济原则"和"效率原则"成为零售经营理念的核心内容。

伴随市场供求关系的进一步发展,供求关系进一步重构,消费者逐渐掌握市场主权,满足消费者异质性的需求成为生产活动和商业活动的出发点。新零售就是适应消费者主权时代的新理念、新模式。新零售的出发点是消费者的需求,新零售技术的应用、零售要素的调整和变革都是为了更好地了解消费者的生活方式,从而更精准地满足消费者需求,为消费者不断创造价值。新零售下,商业主体的价值排序实现了重构,满足消费者需求成了全部商业活动的价值起点,为消费者创造价值的"人本原则"成为新零售经营理念的基础。

三、新零售的特征

(一)线上线下相融合

很多人倾向于网购,很大一部分原因是方便和价格实惠。一站购齐、直接送到门口是网购最大优势。未来新零售将实现零售店的价格与电商价格持平,并能够提供当日甚至是半小时内的送达服务。消费者可以选择去店里消费,也可以通过APP下单直接送达。

(二)社区式零售店将取代大型超市

为了方便消费者,以往大型超市将不复存在,取而代之的是规模小、分散均匀的社区式零售店。社区式零售店的优势在于,能够让消费者在购买日常商品时更为方便。社区化是未来零售店的重要发展方向。

(三)数据为零售店提供销售预测指导

价格能够做到与电商持平,主要依托于物流;能够精准预测到消费方向,主要依托于大数据。大数据是电商平台的优势,通过对社区式零售店周围消费者近几年的消费习惯采集,精准预测到可能会卖出的商品,然后进行配货,降低零售店的类别容错率,从而实现零库存。

(四)服务好消费者将成为最重要竞争力

电商时代的表现就是针对消费者的服务无法做到统一,而新零售时代的表现则是以消费者为中心,服务好消费者不仅提升自身口碑,而且增加客户留存,增加企业营收。另外,个性化、体验为主的消费方式将逐渐成为主流。

第二节　农产品新零售模式

一、农产品新零售：精准的客户定位

　　传统超市的目标客户群主要是为家庭采购的中老年人，而农产品新零售模式的客户定位更接近于年轻人这一电商消费主体，消费者80%是80后、90后这批"互联网原住民"，这群目标客户既有庞大的数量，又有特殊的消费需求。作为在成长环境优越、物质财富丰富年代生活的年轻人，他们更关注商品的品质和实际功能，对价格的敏感度相对不高，将成为促进中国进入新消费时代的中坚力量。因此，农产品新零售模式对自己的定位是"精品超市"：产品质量好，包装精美，从世界各地运送过来，相应的价格也会更高。

　　为了满足目标客户群的需求，农产品新零售模式也设计了新的消费价值观。第一是"新鲜每一刻"，将售卖的商品都做成小包装，购物方便、配送快捷，完全可以今天买、今天吃完，并保证买到、吃到的商品都是新鲜的。第二是"所想即所得"，线上购买与线下购买的商品完全是同一品质、价格，直接从超市包装运输，手机下单为消费者提供了随时随地、全天候的便利购买。第三是"一站式购物"，线上线下高度融合，产品的种类非常丰富，即使在线下超市买不到的东西，也可以通过线上订购，甚至可以买到非常稀有产品。第四是"让做饭变成一种娱乐"，针对上班族没时间做饭的情况，可直接在超市购买并加工制作，这种新鲜、健康、即时的餐饮体验非常吸引年轻消费者。围绕精准的目标客户群定位，推出最能吸引当下年轻人的快销产品。比如，推出外卖产品，为上班族提供新的用餐选择。明晰的客户定位是农产品电商新零售模式能够成为"网络爆款"、吸引大客流量的前提。

二、农产品新零售：线下绿色健康体验

　　农产品电商新零售模式的线下绿色健康体验式消费，既可以直接在餐厅点单，也可以先在店内超市挑选食材，在餐厅加工食用。高性价比的绿色有机食品和新奇的用餐形式吸引了大量顾客来"拔草"。将餐饮与零售紧密结合，首先大大提高了利润率（餐饮业的毛利率高）；其次也吸引了大量客流，从而为超市引流；并且由于餐饮大多属于联营，将餐饮区域外包，可降低经营成本；最后，与餐饮合作可以降低农产品的损耗，一些新鲜度降低的农产品可销售给餐饮商家。

三、农产品新零售：O2O 高度融合

　　农产品电商新零售模式线上与线下经营高度融合，开辟了全新的经营模式，对传统农产品电商形成冲击，一是配送时间短、效率高，更为快捷便利；二是有助于增加顾客的信任度，线上购物更加放心。农产品电商新零售模式的高效率有赖于"全自动物流模式"。农产品电商新零售模式的线上 APP 从早上七点配送到晚上九点。在下班路上，通过 APP 下单，回到家，购买的新鲜蔬菜水果和处理好的海鲜鱼肉即可同步送到，只要稍微加工，一顿丰富的晚餐就完成了。这样的配送速度和便利程度，传统电商无法与之相比。另一方面，农产品电商新零售模式提供新奇的体验式消费和便捷的配送服务，使得至少五公里范围内的客户对其有着较高的信任度，他们大部分消费需求在农产品电商新零售模式就能得以满足。并且，这些用户大都逛过

农产品电商新零售模式的实体店,对店内环境、卫生、产品质量都有直观感受,在线上购买时会更放心,不会有对其他农产品电商那样的顾虑。

从盈利角度看,农产品电商新零售模式将同样需求量大但利润率较低的零售行业与利润率高的餐饮行业相结合,并有效利用其发达的物流运输系统,自营外卖品牌,最大化利用资源。从成本角度看,农产品新零售模式在仓储、损耗、引流客户等方面尽可能地降低成本。

四、"新零售"背景下农产品供应链发展新模式

(一)基于消费者需求的农产品供应链协同整合模式

传统农产品销售行业中,供应链主要局限在供应链的后端,即采购、生产、物流等职能,与消费者、销售渠道的协同整合严重不足,导致"孤岛现象""牛鞭效应"的出现,使得供应链的反应滞后。

在"新零售"中,一切供应链的运作围绕着消费者的需求,商品、价格、消费者、竞争对手等信息瞬息万变,各个职能必须高度协同同时去服务于消费者,涉及日常的运营工作都可以由一个整合的职能来统一操作,强调"全位一体",因此,基于消费者需求的农产品供应链协同整合模式更适合整体市场的运作。

(二)基于线上线下全渠道的农产品供应链模式

中国传统商业互联网化的裂变历程:传统 B2B 时代、B2C、C2C 时代、B2BC 时代、全渠道 O2O 时代、C2B、F2B 新零售社交电商时代。传统的农产品电子商务模式已经满足不了市场的需求,在"新零售"业态下,农产品供应链将结合现有的线上电商平台,对接线下社区,实现 Online 社群、Offline 社区模式。

(三)基于大数据的 S2B 农产品供应链模式

"S2B"模式下,"S"是一个大的供应链平台,大幅度提升供应端效率;"B"是指的一个大平台对应万级、十万级甚至更高万级的小"B",完成针对客户的实时的低成本互动服务。通过引入 S2B 模式,依托大数据构建的网络体系与供应链体系,为客户端用户提供农产品质量标准化等一系列综合性服务,提高供应链运作效率与精准服务水平。

第三节 农产品新零售典型案例

一、三只松鼠、百草味、良品铺子三家电商巨头玩转新零售

根据英敏特发布的《中国 2017 年零食消费趋势》报告显示,有 40% 的消费者相比 2016 年吃了更多的坚果,并有超过 50% 的人认为坚果好吃,44% 的人认为坚果是一种方便的零食,仅有 9% 的消费者认为坚果不健康。该品类在 2015 年至 2020 年间将保持 10.7% 的年均复合增长率,估值有千亿的市场。与此同时,日渐兴起的零食电商们,正以迅雷不及掩耳之势掠夺着休闲食品这座"大金矿"。

说起坚果电商,最有名的莫过于这三家:"三只松鼠""百草味"以及"良品铺子"。其中,三只松鼠是电商起家,百草味是从线下零售转型零售电商,良品铺子则是 O2O 电商。

虽然这三家企业商业模式不相同,但都是在电商风头正盛的年月里投身坚果电商,并取得

了巨大的成功。偌大的零食市场,深谙营销套路是三大坚果电商,显然已形成三"果"鼎力的局面。

不过,伴随着新零售时代的到来,坚果电商已经迎来新一轮竞争,市场格局也将重新洗牌。市场风云变幻,面对新的市场格局,三只松鼠、百草味、良品铺子还能否成为行业赢家?

(一)三只松鼠:线上销售、线下体验,未来最大战略是要做IP

坚果行业的许多品牌基本都是从传统渠道转型而来,在电商风口来临之前它们往往已在休闲食品行业深耕多年。而成立于2012年的三只松鼠(见图9-1)却可以说是纯粹的电商品牌。

图9-1 三只松鼠图

2017年1月11日,三只松鼠宣布其2016年年销售额突破55亿,净利润达2.63亿,拥有3100名员工,4000万用户,以及超过35万平方米的仓储。

无疑,三只松鼠已成为坚果电商巨头。但它并未因此决定只扎根电商,三只松鼠在宣布销售额的同时也开始了线下的布局。

2016年9月30日,三只松鼠第一家线下店"三只松鼠投食店"在芜湖开业。2017年,三只松鼠计划要在线下开100家投食店。

除了线下投食店,三只松鼠还建立主题小镇,以及通过跨级、拍主题电影等向泛娱乐产业发展的方式来深化品牌价值。其品牌创始人表示"三只松鼠未来的发展路径将通过品牌IP、线上销售、线下体验,同时贯穿松鼠文化而实现"。

(二)百草味:重启线下零售店,开启高级品牌化时代

百草味(见图9-2)成立于2003年。与三只松鼠不同的是,在2010年全面转型线上之前百草味已经在休闲食品行业深耕了10年。线下渠道的积累加上线上运营的快速决断,让它成了"传统转型电商"的成功案例。

百草味不仅开启了互联网商务新纪元,年销售额也已超过20亿。尤其值得一提的是,2016年8月,百草味与中国枣业第一集团达成并购协同战略,率行业之先成功上市。与此同时,投入"好想你"怀抱的百草味也决定重启线下零售店的计划,并跨界与牙膏品牌"舒克"进行合作来扩大线下渠道的布局。

不仅如此,百草味十分看重"IP"。2016年,其先后推出的"抱抱果"和"仁仁果"都取得了巨大成功,并引领坚果2.0潮流。

图9-2 百草味坚果品种图

未来,百草味还将继续走IP化爆款路线。而这些互联网超级零食的火爆,也标志着百草味大单品战略已迈出成功的第一步。拥有超级IP属性的抱抱果正以互联网休闲零食大单品的身份,驱动百草味开启高级品牌化时代。

(三)良品铺子:"门店互联网+"与社交电商

良平铺子2006年从武汉第一家实体店开始,逐渐进军江西、湖南、四川、河南市场,一路扩张至2100多家线下门店,2015年全渠道销售额超过45亿元,2016年预计突破60亿元。

尽管出身传统,但良品铺子近年来线上转身速度极快,已连续两年位列天猫"双十一"零食电商第一阵营。见图9-3。

图9-3 良品铺子社交电商图

面对风云变幻的市场,良品铺子也有一套自己的思路。其将O2O分为两类,一是基于门店化的O2O实践,即"门店互联网+";一是社交电商,这是良品铺子的重要战略布局。

目前良品铺子已开始尝试对所有门店进行统一管理,聚合每个渠道的用户信息。该公司制订计划:2018年销售收入达到100亿元,成为全国最大的休闲食品企业。

通过这三家的举措,我们不难看出他们转型的共同点:发展线上线下数据互通的全渠道模式。事实上,线上零售或线下零售单独发展都存在瓶颈,单一的渠道无法满足用户的消费需求,线上与线下融合、数据互通才是零售行业未来的发展方向。

首先,用户在网上购买商品时,只能关注到爆款商品,在线下由于能够逛店,购买的商品会变得分散,被爆款商品拉低的毛利能因此得到提升。其次,线上线下数据互通,既可以让商家通过大数据了解不同商品在不同渠道的销售趋势,并由此制定跨渠道组合策略,缓解单个渠道的销售压力;也能通过采集的大量样本对消费行为进行分析后为消费者提供准确、个性化的服务。

二、盒马鲜生走红网络体现新零售真正价值

自从马云提出新零售概念以来,阿里通过入股三江购物、私有化银泰商业、联手百联集团等方式加码布局线下,推动线上线下加速融合;不过盒马鲜生有所不同,阿里干脆直接砸重金打造一个新的品牌线下店(见图9-4),以拓展新零售的布局。

图9-4 盒马鲜生实体店(1)

从公开信息来看,盒马鲜生定位于以大数据支撑的线上线下融合的新零售模式,以线下体验门店为基础,并将之作为线上平台盒马APP的仓储、分拣及配送中心,通过线上线下一体化来满足周边3公里范围内消费者对生鲜食品采购、餐饮、美食以及生活休闲的需求。消费者可以在门店采购商品,也可以在APP下单,盒马与合作伙伴提供30分钟送达服务。

在盒马鲜生店内(见图9-5),不仅有围绕海鲜打造的"食材+现场餐饮",一般商超可以见到的各类日用杂货也能在店内看到。据盒马鲜生相关负责人此前透露,盒马鲜生将始终围

图9-5 盒马鲜生实体店(2)

绕成本与效率、体验与服务,让零售回归商业本质,因此盒马从四个方面做了创新。

第一,基于场景定位,围绕"吃"构建商品品类,甄选来自全球100多个国家和地区的海鲜水产、水果蔬菜、肉禽蛋品等生鲜商品,以及休闲酒饮、乳品烘焙、粮油干货等差异化商品,以满足消费者对于吃的一切需求。

第二,在商品结构上,不是为顾客提供简单商品,而是提供一种生活方式。以消费者复购率极高的生鲜类产品为主导,为顾客提供的是可以直接食用的成品、半成品。

第三,在门店的消费功能之外,增加了餐饮、物流、体验、粉丝运营等功能,将盒马打造成一个强大的复合功能体。见图9-6。

图9-6 盒马鲜生实体店(3)

第四,销售模式,线上销售为主,线下销售为辅。自建物流配送,核心是快,以门店为中心的3公里范围内,一般30分钟送达。

基于以上创新,盒马能够为用户提供足够新鲜的生鲜商品和餐饮服务,让用户"所见即所得"的愿望得以实现(见图9-7),满足一站式购齐的购物体验,并让饕餮和购物成为一种娱乐。

对于电商而言,新零售最大的价值,是将线下流量转到线上。虽然表示要"舍命狂奔",加速开店,但是对于盒马鲜生来说,真正庞大的市场在线上。

盒马鲜生提供的数据显示,盒马用户的黏性和线上转化率远高于传统电商,线上订单占比超过50%,营业半年以上的成熟店铺更是可以达到70%。线上用户转化率高达35%,这一数字大概是传统电商的10到15倍。盒马的理想目标是,一家门店,线上销售占比90%。

对于传统零售商,互利网技术和实体门店的结合(见图9-8),帮助零售企业快速实现数字化运作,提升了实体门店的运输效率。盒马跑通了整个信息系统和业务流程,包括销售流程、物流流程、会员流程和支付流程,数据显示其销售坪效是线下零售企业的三到五倍。

盒马生鲜负责人认为,当商业模式用互联网进行改造,人们会发现消费者还是存在的,只不过消费方式变了。

图 9-7 盒马鲜生实体店(4)

图 9-8 盒马鲜生实体店(5)

 案例拓展

年糕妈妈:电商+广告+小程序开创新零售①

  年糕妈妈创始人李丹阳的创业故事早已被讲过无数遍了。漂亮、倔强、勤奋、新女性、工作狂……媒体和粉丝给她贴上了很多标签。她的日程被排列得满满当当,与业务部门开会、讨论选题、接受采访、上英语课、健身,每个环节都要按部就班。

---

 ① 年糕妈妈:电商+广告+小程序开创新零售[EB/OL].[2018-07-17]. http://www.100ec.cn/detail_6460162.html.

四年时间,年糕妈妈在全网拥有1500万订阅用户,"年糕妈妈优选"电商平台月均销售额超过6000万,知识付费课程上线一年,销售额已经突破5200万。在成绩单背后,这个团队还在不停地寻找新增量。据了解,年糕妈妈开通抖音号三个多月,粉丝数达到168万。"我们没花一分广告费。"谈起抖音粉丝时,李丹阳带着一点小骄傲。

在这个月,年糕妈妈将迎来自己四周岁的生日,李丹阳对年糕妈妈的发展图谱也有着愈发清晰的认识,在电商、知识付费、自有品牌、广告变现等方面都有一套属于自己的方法论,哪一项都不能少,哪一项都要做好。

一、背上"沙袋"的知识付费

在2017年知识付费的风口上,年糕妈妈开始尝试知识付费业务,目前覆盖用户近50万。在经历了一年的尝试后,李丹阳和她的团队决定在知识付费业务上"玩票大的"。他们的这次尝试,除了课程设计和制作之外,还要自主研发多款教具。

据介绍,年糕妈妈这款新的知识付费产品名为"早教盒子",里面包含了100多堂课程以及教具,能够根据宝宝的年龄进行个性化定制,每月都会把课程需要的对应教具寄给用户。

在谈起孩子的早教问题时,李丹阳更加健谈和兴奋。"家长在陪孩子上亲子课的时候,没有教育会影响课程的进程和效果。我们想象一下,让家长一边上课一边去下单买东西,这样的用户体验很不人性化,所以我们将课程和教具教材进行统一设计。而我们的初衷,是要纠正很多中国家长的早教观念,只花钱送进早教班和简单地陪孩子玩,都不是真正科学的早教。"

不过,一旦涉及教具的研发生产,就使得原本不牵扯供应链和物流等环节的"知识付费"变得没那么轻松了。如何科学地设计生产,满足宝宝不同月龄的成长需要;如何保证产品质量和原材料安全;如何按时发货和库存管理……诸多问题都一并浮出水面,亟待解决。

"我们做教具的优势之一是曾开发过自有品牌——nicomama,我们自有品牌的年销售额已经超过了一亿。如果没有研发能力,年糕妈妈依然只是一个内容公司,想做这些教具几乎是不可能完成的任务,至少在短时间内很难做到。"李丹阳向亿邦动力坦言。

在她看来,做电商"踩坑"的过程,帮助年糕妈妈团队积累了大量经验。调控库存、成本、与供应商沟通、联系工厂、质检、发货等环节,这一整套的能力都需要经过长期打磨和锻炼。

"正是得益于做电商和孵化自有品牌的经历,我们在新想法出现时,才可以将其快速实现。这背后隐藏着年糕妈妈团队的核心能力——将内容和电商深度结合。在早教盒子之前,我们也尝试了单独课程的教具,例如英语课和绘画课等,这都为早教盒子的研发打下了基础。"李丹阳解释道。

二、多拳出击

在交谈过程中,李丹阳多次强调了每条业务线"合力"的作用。知识付费产品的成绩,离不开年糕妈妈在内容端的沉淀和电商业务的打磨。

"用户已经对年糕妈妈产生信任了,我再去种上新种子时,它会更容易开花结果。作为一个自媒体IP,我们对用户的感情会更强烈,联系也会更密切。同时和IP相比,用户也很难对一个平台产生感情,这是我们的优势之一。"李丹阳表示。

年糕妈妈通过三年的内容生产和电商业务,不断地在商品和用户中间发挥连接作用,不断地与用户产生交互,并尝试满足用户的更多样化需求。"阅读内容—购买商品—知识付费",年糕妈妈想通过多种方法形成一个满足用户需求的闭环。

若想形成这个闭环,内容、电商、知识付费哪一块业务都不能成为短板。"我不会把年糕妈妈的业务割裂开来看,我们每一项业务能力都是在过去几年中耕耘出来的。在未来我希望年糕妈妈可以保证多个拳头齐头并进,电商能力越强,和用户的连接、产品开发能力、物流能力、供应链管理能力就会越强。教育产品质量和体验提升,运营能力也会提升。"

李丹阳透露,年糕妈妈内部的组织能力都是共享的。在未来,希望年糕妈妈的多条业务可以发挥更大的合力。"我们现在并不是特别担心所谓的行业竞争,最担心的是我们跟不上时代的变化和自己进步的不够快,行业的变化实在太快了。"

三、小程序只是新工具

有关自媒体商业变现的讨论一直不绝于耳,年糕妈妈作为自媒体商业变现的先行者,已经拥有相对成熟的团队和运营模式,并开始多条腿走路。在7月,年糕妈妈APP已经上线一周年,年糕妈妈团队经历了从0到1、从1到10、从10到100的挑战。

在年糕妈妈APP走上正轨顺利发展的同时,高速变化的行业也蕴藏着新变数和新机会,例如微信小程序。

阿拉丁2018小程序生态白皮书中显示,截止到2018年6月底,微信小程序的数量已经突破百万。上半年,与小程序相关的投资金额已超过30亿人民币。而小程序的出现和爆发,也给自媒体们指出了一条新的变现路。

而在小程序被热捧,诸多自媒体开始尝试通过小程序变现时,也有困惑的声音伴随出现:小程序究竟可以提高多少转化率?你究竟想用小程序做什么?在小程序上又将投入多少精力呢?

据了解,年糕妈妈目前开发了两个小程序,分别为"年糕妈妈育儿讲堂"和"年糕妈妈优选"。这两个小程序分别对应着年糕妈妈两部分重要的业务:知识付费和电商。作为一个在全网拥有近1500万粉丝的自媒体矩阵,年糕妈妈对于如何使用小程序也有自己的"小算盘"。

"不管是小程序、微商城还是APP,它都只是一个载体,本质还是供应链能力和运营能力。载体再炫酷,但卖的东西质量差、价格贵,也是没有用的。"李丹阳笃定,小程序更加方便快捷的特点毋庸置疑,能够帮助提升转化率,但如果不能找到好的商品和渠道,载体再好也没用。

因为淘宝和微信的战略"较劲",用户一直无法在微信中直接打开淘宝链接,也导致目前诸多公众号的广告推文中会附带一条淘口令链接,用户需要复制后再去淘宝中购买。"这是一个反人性的操作,在这样复杂繁琐的操作下,很多商品都可以通过这种广告形式售罄,小程序的出现显然提供了更大的想象空间。"

"我们肯定会继续在小程序上下力气,但它只是年糕妈妈电商布局中的一部分。因为底子如果不好,怎样装修门面都没用的。"李丹阳在最后说道。

参考文献

[1] 吕亚伟.农产品电子商务[M].北京:中国农业科学技术出版社,2017.
[2] 中央农业广播电视学校.农产品电子商务[M].北京:中国农业出版社,2016.
[3] 杨超.农产品电子商务[M].北京:中国农业科学技术出版社,2016.
[4] 严行方.网上销售农产品[M].厦门:厦门大学出版社,2014.
[5] 孙良涛.电子商务物流管理研究[M].北京:中国水利水电出版社,2014.
[6] 张夏然,梁雪峰.农产品电子商务[M].北京:中国农业科学技术出版社,2015.
[7] 王志辉.浅析网络零售平台中农产品品牌创建[J].创新科技,2014.
[8] 骆芳."互联网+"背景下武汉市农产品电商新零售模式探析[J].农家参谋,2016.
[9] 赵哲."新零售"背景下的农产品供应链发展研究[J].区域与城市经济,2016.
[10] 陈军民,李红俊,于学文.农产品电子商务[M].北京:中国农业科学技术出版社,2015.
[11] 郭永召,陈中建.农产品电子商务[M].北京:中国农业科学技术出版社,2016.
[12] 李华,牛芗洁.农产品电子商务与网络营销[M].北京:中国农业科学技术出版社,2014.
[13] 于学文,杨欣.农产品市场营销与电子商务[M].北京:中国农业科学技术出版社,2017.

图书在版编目(CIP)数据

农产品电子商务/陈君主编. —西安:西安交通大学出版社,2018.9(2020.12 重印)
ISBN 978-7-5693-0884-6

Ⅰ.①农… Ⅱ.①陈… Ⅲ.①农产品-电子商务 Ⅳ.①F724.72

中国版本图书馆 CIP 数据核字(2018)第 216785 号

书　　名	农产品电子商务
主　　编	陈　君
责任编辑	祝翠华
出版发行	西安交通大学出版社 (西安市兴庆南路 1 号　邮政编码 710048)
网　　址	http://www.xjtupress.com
电　　话	(029)82668357　82667874(发行中心) (029)82668315(总编办)
传　　真	(029)82668280
印　　刷	西安明瑞印务有限公司
开　　本	787mm×1092mm　1/16　印张 11.5　字数 290 千字
版次印次	2018 年 10 月第 1 版　2020 年 12 月第 3 次印刷
书　　号	ISBN 978-7-5693-0884-6
定　　价	39.80 元

读者购书、书店添货,如发现印装质量问题,请与本社发行中心联系、调换。
订购热线:(029)82665248　(029)82665249
投稿热线:(029)82668526
读者信箱:xj_rwjg@126.com

版权所有　侵权必究